検証 コロナと五輪

変われぬ日本の失敗連鎖

吉見俊哉
Yoshimi Shunya
編著

河出新書
041

目次

2021（令3）	2	3日、森組織委会長、「女性がたくさん入っている会議は時間がかかる」との女性蔑視発言
		12日、森会長、辞任表明 →橋本聖子五輪相、組織委新会長に就任（五輪相後任：丸川珠代）
	3	18日、佐々木宏（開閉会式総合統括）辞任。女性タレントの容姿を侮辱するような演出案
		20日、海外観客の受け入れ見送りを5者協議で正式合意
		25日、聖火リレースタート
	4	1日、橋本組織委会長、「週刊文春」掲載記事に抗議
		25日、緊急事態宣言（3回目、〜6月20日：東京都）
	5	7日、池江璃花子選手、辞退求めるコメントが寄せられているとツイート
		9日、高橋洋一（内閣官房参与）、国内の新型コロナ感染者数を「さざ波」とツイート　→24日、辞任
		10日、予算委員会で菅首相が「国民の命と健康を守っていく」との答弁を12回繰り返す
		21日、コーツIOC調整委員長、「緊急事態宣言下でも開催可能」
		22日、バッハIOC会長、「五輪のためには犠牲を払う必要がある」
		26日、朝日新聞社説「夏の東京五輪 中止の決断を首相に求める」
	6	2日、尾身茂（政府分科会会長）「今の感染状況で五輪開催は普通はない」
		9日、菅首相、初の党首討論で東洋の魔女やアベベの思い出語る
		11日、菅首相、G7でオリンピック開催に向け決意表明
		21日、組織委、1万人を上限とする有観客の方針を発表
		24日、西村泰彦宮内庁長官、天皇が五輪開催による感染拡大を懸念していると拝察すると発言
	7	4日、都議選投開票
		12日、緊急事態宣言（4回目、〜9月30日：東京都）
		8日、5者協議で1都3県の無観客開催決定
		15日、宇都宮健児弁護士、五輪中止求める署名45万筆を東京都に提出
		19日、小山田圭吾（開会式楽曲制作担当）辞任
		22日、小林賢太郎（開閉会式ショーディレクター）解任
		23日、東京五輪開幕
	8	20日、全国の新規感染者数が過去最多の25,851人
	9	5日、東京パラリンピック閉幕
	10	4日、菅内閣総辞職、新首相に岸田文雄
2022（令4）	2	北京冬季五輪開催予定

関連年表

年	月	出来事
1938(昭13)	7	1940年東京五輪(夏季・冬季)開催権を返上
1959(昭34)	5	1964年五輪の東京開催が決定
1964(昭39)	10	東京五輪開催
1972(昭47)	2	札幌冬季五輪開催
1981(昭56)	9	1988年五輪のソウル開催が決定(名古屋落選)
1998(平10)	2	長野冬季五輪開催
2001(平13)	7	2008年五輪の北京開催が決定(大阪落選)
2009(平21)	10	2016年五輪のリオデジャネイロ開催が決定(東京落選)
2011(平23)	7	石原慎太郎都知事、2020年五輪招致を正式表明
2012(平24)	11	新国立競技場のデザインにザハ・ハディド案が採用される
2013(平25)	9	2020年五輪の東京開催が決定
	12	猪瀬直樹都知事辞職
2014(平26)	1	2020年東京五輪大会組織委員会発足(会長:森喜朗元首相)
2015(平27)	7	新国立競技場計画が白紙撤回される
	9	佐野研二郎デザインの公式エンブレムが使用中止となる
	11	大会基本方針(「復興五輪」)が閣議決定
	12	新国立競技場、隈研吾デザイン案に決定
2016(平28)	7	都知事選、小池百合子初当選
2019(平31)	3	日本オリンピック委員会(JOC)竹田恒和会長、 招致をめぐる贈賄疑惑を受けて退任表明(後任:山下泰裕)
(令元)	11	マラソン・競歩の札幌開催が決定。新国立競技場竣工
	12	中国・武漢で原因不明の肺炎が複数報告される
2020(令2)	1	16日、新型コロナウイルス感染者が国内で初めて確認される
	3	11日、世界保健機関(WHO)がパンデミックを宣言
		24日、五輪開催「1年程度延期」と発表
	4	7日、緊急事態宣言(1回目、～5月25日:東京都)。 布製マスク全戸配布を閣議決定
		16日、安倍首相、全国民一律10万円給付を表明
	6	2日、初の「東京アラート」発動 (東京都の新規感染者34人)
	7	5日、都知事選、小池百合子再選
		22日、「Go To トラベル」開始(東京都除外)
	8	28日、安倍首相が辞意表明　→9月16日、菅義偉が首相に
	11	15日、国際オリンピック委員会(IOC)バッハ会長、来日
	12	23日、開閉会式演出チーム(野村萬斎統括)が解散
2021(令3)	1	8日、緊急事態宣言(2回目、～3月21日:東京都)

序章

問いとしての「コロナと五輪」

吉見俊哉

スタンドの解体工事が進む旧国立競技場
［2015年3月5日、写真提供：共同通信社］

「東京五輪」なんて、あったの？

二〇二一年夏に開催された東京オリンピック・パラリンピック（以下、東京五輪）は、その閉幕と共に、急速に人々の関心から遠のいていった。パラリンピック閉幕とほとんど同時といってもいいタイミングで菅義偉首相（当時）の退陣表明が発せられ、自民党総裁選へと人々の関心は一気に移り、五輪の余韻が人々に残ることはなかった。「そもそも東京五輪なんてあったの？」という問いすら発したくなるほど、五輪は存在感の薄いものとなっていったのである。招致達成であれほど浮かれ騒ぎ、新国立競技場やエンブレム、数々のスキャンダルをめぐってすったもんだし、新型コロナウイルス感染症（ＣＯＶＩＤ－19）予防と五輪開催のどうにもならない二律背反のなかで時の政権すら揺るがしてきた東京五輪の、これが結末であったわけだ。

元警察官僚で右派政治家として知られた亀井静香は、今回の五輪は「雨がざーざー降りの墓場で、酒を飲まないで宴会をやったようなもの」だと辛辣に評した。亀井はさらに、「五輪で飯を食っている巨大な利権集団、金をもうけるための集団がある。今の五輪はスポーツの祭典ではなくなっている。メディアまでがこれに乗っかり、飯のタネにしている」と糾弾する。昔は、「種目ごとに世界大会を開催する機会がなく、五輪という形で、多くの種目が一緒に祭典をする意味があった」が、今は「ほとんど全種目で世界大会を開催していて、わざわざ五輪を開催する意味が薄れて」いると、五輪の存在価値そのものの希薄化にも言い及んだ（『週刊朝日』二〇二一年九月三日号）。

亀井は毀誉褒貶が激しい人物であり、その発言は注意深く受け止めるべきとも言えようが、世論が今回の五輪について感じていたことの勘所は衝いている。反安倍・菅政権のリベラル派のみならず、明らかに右派的な立場に立ってきた政治家からも、今回の五輪はこれほどまでに酷評されていたのである。

そして、このどう見ても失敗に終わった忌まわしき「祭り」の記憶を一刻でも早く忘れようとしてか、五輪閉幕の翌月、メディアと世論、政治家たちは、まるで暗黙裡に結託したかのように「王殺し」のシナリオを採択し、新しい王を選ぶもう一つの「祭り」に夢中になり始めた。「五輪」や「万博」には、政治的な困難を忘れさせるための「祭り」としての数々の歴史があるが、今回のように「祭り」そのものが露骨に破綻してしまうと、今度は「政治」を「祭り」とする逆立ちのドラマトゥルギーが機能し始める。

今回の場合、衰えた王、すなわち菅首相は、起死回生の一打に失敗すると、他人に殺されるくらいならと自死、すなわち退陣を選んでいった。その後は、自民党総裁選の華やかな「お祭り騒ぎ」で、これが派手なパフォーマンスとなったため、人々はすっかり魅了されていった。

巨大な負債を生み続ける「日本の縮図」

しかし東京五輪後の今、私たちがまずしなくてはならないのは、安倍・菅政権を根底から揺るがした「お祭り」の徹底した検証である。その第一歩は、この五輪のコストについての検証となるだろう。大会経費は招致時の予想から大幅に膨張し、コロナ対策でさらに追加コストがかかったが、無観客でチケット収入はほぼ消え、莫大な赤字が残ることが見込まれている。それが一体どれほどのものになるのか、その穴埋めにどれだけの税金が投入されたのか、全容は明らかになっておらず、厳密な検証が必要である。

二〇二〇年初めの時点ですでに、会計検査院は国からの支出だけで一兆六〇〇〇億円と試算しており、都も二〇二〇年一月、関連経費に七七七〇億円はかかると発表しているから、それだけでも一兆八〇〇〇億円、しかし当然、他にも諸方面での支出があり、延期で支出はさらに増えたから、総額は三兆円を超えるのではと見込まれている。私たちがまず検証すべきなのは、この五輪は、そもそも三兆円をかける価値があったのかという点であり、もしそれだけの価値がないのなら、なぜそんな大金を使ってしまったのか、その「経営の失敗」を止められなかった理由である。

それだけではない。この大会で新たに建設された諸施設には、将来にわたって膨大な維持費がかかってくる。今回、新たに建設された多くの仮設会場が、一度も観客席に観客が入ることなく取り壊されていく。たとえば東京都世田谷区の馬事公苑には、九三〇〇人を収容する観客席と大型照明塔が建設されたが、まったく使われないまま壊される。同じように、ビーチバレーの会場となった品川区の潮風公園の一万二〇〇〇人収容の仮設スタンドも取り壊しである。このように、東京五輪のために新たに建設され、まったく使われないまま取り壊されていく仮設施設の工事費は、総額で四〇〇〇億円近くに上るという。

他方、恒久施設として新設された多くの施設で、これから累積的に赤字が生まれていくと試算されている。たとえば、「復興五輪」のシンボルとして宮城県登米市の長沼が提案されながらも実現しなかった。そして結局、東京湾の海の森に三〇〇億円以上をかけて建設されたボートとカヌー・スプリントの競技場では、毎年約一億五八〇〇万円の赤字が、また江戸川区に建設されたカヌー・スラロームの競技場では、毎年約一億八六〇〇万円の赤字が続きそうだ。東北復興のシンボルになることに背を向けてまで実現した東京の競技施設で、施設維持が困難なほど赤字が続いていけば、二重の意味で「復興五輪」の失敗を長く世に晒し続けることになるであろう。他にも、東京都江東区に建設された水泳競技場は、毎年六億円以上の赤字が見込まれているというし、大揉めに揉めて建設された神宮外苑の新国立競技場も、年間の維持費が旧国立競技場の三倍、毎年約二四億円はかかるとされる。一体、将来にわたって長く続くこの負債を、誰が払うというのだろうか。

しかし、より根本的な問題もある。五輪閉幕後、多くの論者が、今回の東京五輪は「日本のダメなところを煮詰めた」大会だったと指摘した。たとえば、作家の赤川次郎は、今回の大会が「何でも自分の思い通りにして、周囲からはほめられたことしかない人々と、それを形にした大手広告代理店の相互依存の骨組をレントゲン写真のように明白にした」と言う（『週刊朝日』二〇二一年九月三日号）。朝日新聞記者の真鍋弘樹も、「高齢男性が支配する組織。あるまじき差別やいじめの意識。重厚でも新奇でもない儀式。五指に余る」ダメなところが、今回の五輪には詰まっていたという。なかでも今回、顕著に示された弱点は、「一つの方向に進み始めると止められない、という日本の悪弊」だった（朝日新聞、二〇二一年八月三〇日夕刊）。同様の観点から、社会学者の上野千鶴子は、今回の五輪を通じ、「IOCの商業主義があからさまになり、JOCの無力さがみえすき、五輪組織委の寄せ集めの無責任体質がはっきりわかり、政府の独善と強引さ、東京都の無策が伝わ」ったと総括する。そして、「五輪の虚構がこれだけあきらかになった日本が、この先の将来、ふたたび五輪を誘致することは二度とあるまい」と予想している（『週刊朝日』同前）。

しかし、上野のこの予想は、いささか楽観的すぎるかもしれない。トーマス・バッハIOC会長は、今回の東京大会には「国際的にポジティブな反応ばかり。大会は世界が待ち望んでいた希望の象徴だったことが、明確に示された」（朝日新聞、二〇二一年九月九日）と総括し、菅首相はオリンピック閉幕後、「開催国の責任を果たし無事に終えることができた。素晴らしい大会になった」と胸を張ったという（毎日新聞、二〇二一年八月二〇日）。そして、この東京大会の「成功」を受けて、日本政府は二〇三〇年の札幌冬季五輪招致に向けた動きをすでに始めている。こうなると、なぜ今回の五輪のマラソンコースが札幌に移されたのか、それは本当に「暑さ対策」のためだったのか、勘ぐりたくなる。

この九年後のさらなる五輪招致構想に、北海道出身の橋本聖子大会組織委員会会長は大変積極的であるという。パラリンピック閉幕直後の九月六日、東京大会を総括する記者会見で、彼女は今回の大会で「大きな事業を経験したわけですから、（それを二〇三〇年の札幌大会に）レガシーとして引き継いでいく、提案することは非常に重要だ」と語った（朝日新聞、二〇二一年九月一四日）。そして、「依頼があれば三〇年大会でも組織委員会の会長を担うことに意欲を示」したという。他方、札幌市の幹部も、今回の五輪には「否定的な意見もあるが、日本人選手の活躍などでスポーツの価値を再確認する機会にもなった。招致ができなくなるほど世論は悪化していない」と自信を見せている（読売新聞、二〇二一年九月一四日北海道版）。つまり、日本政府も地方自治体も、今回の東京五輪の結末に、それほどには懲りていないのである。

コロナ禍だけが五輪を打ちのめしたのか？

今回の東京五輪の結末を、多くの人は、「突然、コロナが襲ってきたから、仕方なかった」と説明し、自分を納得させようとする。——本当にそれだけなのか？　実はコロナ来襲以前から、この五輪は様々な躓きを経験してきた。もともと東京で再び五輪を開催する構想をぶち上げたのは、二〇〇〇年代半ばの石原慎太郎東京都知事（当時）である。二〇〇五年夏、石原は「日本に五輪を招致するならばキャパシティーとしても東京しかない」と、一六年五輪の招致に乗り出した（朝日新聞、二〇〇五年八月六日）。これには当時から、東京は五輪なしでもエネルギッシュとの声や、東京での五輪開催は東京一極集中をさらに加速させるとの批判があった。

だが、石原は聞く耳など持たない。東京をどんな都市にすべきかの真剣な議論などまるでないまま、五輪開催計画が先行する。ワンマンの知事に都庁職員はただ従うだけで、その石原に国も引きずられ、マスコミも流れを追認していった。石原は記者会見で、「周りの国に勝手なことを言われてだな、国会はバカなことをやってる。むしゃくしゃしてるときに、何かちょっとおもしろいことねえか、お祭り一丁やろうじゃないか、オリンピックだぞということでドンと花火を打ち上げればいいじゃないか」と、招致の動機を率直に語っていた（『AERA』二〇〇六年九月一一日号）。つまり、右派ポピュリストたる石原の反中感情を内包して浮上した東京五輪構想には、東京や日本の未来についての冷静な検討などそもそもなかったのである。

その後、この二〇一六年五輪の東京招致は、〇九年のIOC総会で大差で敗れる。だが、石原は諦めなかった。彼は早々に二〇二〇年五輪に再挑戦する方針を固め、一一年春に都知事四選を果たす。ところが、その同じ頃に東日本大震災が起きていた。大震災で日本全体が深刻な状況なのに「お祭り」に再挑戦するとは何事かという批判をかわすために、東京都幹部が捏造したのが「復興五輪」のスローガンである。石原が後に語ったように、「復興五輪なんてネーミングの問題だ。最初に五輪があって、災害がその後、起きた。ちょっと気の利いた人間なら、だれでも考える」というわけだった。だから「復興五輪」には明白な嘘が含まれていたが、マスコミも国民もこのスローガンを歓迎した。

こうしてやがて、二〇一三年九月のIOC総会で東京は二〇二〇年五輪の開催権を獲得するが、この再挑戦の経過は、もともと東京都が思い描いていたものとは違った。最初の二〇一六年の五輪構想では、主会場は東京湾臨海部で、開会式や陸上競技を行うスタジアムを晴海の都有地に新設し、そこまで大江戸線を延伸させるはずだった。東京都にとっては東京湾岸の開発推進が五輪開催の最大の目的だったから、これは当然である。

ところがこの構想は、国内のスポーツ関連諸団体に不評だった。彼らは、「過去の五輪遺産」が詰まった神宮外苑にこだわった。そして、仕切り直しとなった二〇二〇年五輪の招致案では、ＩＯＣも湾岸案に否定的だったこともあり、神宮外苑の国立競技場の大規模改修計画が押し出されていった。しかも、やがて「大規模改修」は「建て直し」へと変化し、神宮外苑にはザハ・ハディド設計の巨大な新国立競技場が新設されることとなった。

これに対し、外苑の狭い敷地に巨大な構築物を建てることは、周囲の環境を大きく破壊すると市民団体や槇文彦ら建築家が痛烈に批判し、莫大な建設費用や毎年のしかかってくる重い維持費も猛反発を浴びていった。明らかに、すでにある旧国立競技場を「建て直す」のは、予算的に無駄が大きく、貴重な建築資産を失うことにもなる決定だった。

その直後、今度はエンブレムのデザイン剽窃問題が発生した。公式エンブレムに選ばれた佐野研二郎によるデザインが、ベルギーにある劇場のロゴマークと酷似していると訴えられ、並行して佐野の他のデザインに盗用の疑いが出たのである。結局、大会組織委員会は佐野のデザインのエンブレムとしての使用中止を決定した。ここで大きかったのは、佐野の過去のデザインやプレゼン資料の疑惑を、ネットユーザーたちが検索で次々に明るみに出していったことだった。それらの声に、組織委員会は抗しきれなくなったのだ。

これらの躓き以降、東京五輪は茨の道を突き進む。開催地となる東京都の知事は、闇献金疑惑で辞任した猪瀬直樹知事に続き舛添要一知事も公私混同の批判を受けて辞任する。

大会組織委員会の会長も、贈賄疑惑で竹田恆和会長が辞任し、コロナ禍中に森喜朗会長も女性差別発言で辞任した。辞任の時期も理由も様々だが、五輪に関わった多くの中心人物が道半ばで辞任している。そして、本来の開催年であった二〇二〇年の三月、新型コロナの感染拡大で五輪開催は延期を余儀なくされる。政権中枢の麻生太郎副総理までもが、国会でこの五輪は「呪われたオリンピック」だと言い放ったが、思わずこの発言に頷いた者も少なくなかった。

二一世紀の東京をめぐるビジョンの不在

したがって、東京五輪閉幕後に私たちが認識し直すべきなのは、この五輪は突然のコロナ禍だけで失敗したのではないことである。東京五輪の失敗は、半ば必然的だった。コロナ禍はその迷走に最終的なとどめを刺した。今回の五輪でそもそも問題だったのは、初発の時点で、二一世紀の東京をどんな都市にするのか、そのためになぜ五輪が必要なのかについての、市民を巻き込んだ熟議がまるでなかったことである。誰のため、何のために五輪を開催するのかが実ははっきりしていなかったのだ。ただ諸団体の思惑だけがあり、それによって方針は揺らぎ、それがメディアに反響し、五輪開催を袋小路に陥れていった。

たしかに日本政府は五輪招致に際し、「復興五輪」を理由として示し、世界の理解を求めた。だがこれは、石原が率直に語ったように、「ネーミングの問題」でしかなかった。むしろ、東京都でこの五輪を構想した人々からすれば、東京招致の狙いは別だった。彼らはかつて鈴木俊一《しゅんいち》都政が推進し、その総仕上げとするはずだった世界都市博が中止させられたことに納得していなかった。バブル崩壊後、一度は東京都心の再開発は悉《ことごと》く停止に追い込まれるが、二〇〇〇年代には内陸部が息を吹き返し、丸の内や六本木、汐留などで大規模再開発が進んでいた。その横で、湾岸部が取り残されることに都は苛立っていた。なぜならば、内陸部の再開発で潤うのは民間企業で、都からすれば湾岸こそが本命だったからだ。東京五輪開催は、彼らにとって臨海部開発を再び軌道に乗せる起爆剤だった。

　ところが、二〇二〇年へ向けた再挑戦では、紆余曲折を経て東京都が当初考えていた湾岸開発と五輪開催の関係も見失われていった。五輪のメーンスタジアムが神宮外苑となることで、壊さなくてもよかった旧国立競技場は失われた。他方、エンブレムのデザインから開閉会式の演出まで、文化面でも日本は世界にアピールするチャンスを生かせなかった。失敗が失敗を呼び込み、最後はコロナ・パンデミックによりノックアウトされた。

　そもそも東京湾岸が東京の未来にとって決定的に重要ならば、湾岸を東京のなかにどう位置づけ、そこにいかなる公共空間を形成し、旧市街と湾岸をどんな交通でつなぎ、都心の歴史的環境の保存と湾岸開発をどう連動させるのかについて、市民を巻き込んだ熟議が不可欠だったはずだ。そこから出発し、五輪招致がプラスかどうかを判断すればよかった。都民が臨海部の未来を自分たちの未来として実感する基盤づくりがまず必要だった。

しかし、今回の東京五輪構想は、そうした基盤づくりを欠いたまま、石原都知事の鶴の一声、「お祭り一丁やろうじゃないか」との掛け声で突っ走った。ビジョンについての理性的合意がなかったので、一九六四年五輪の再現願望ばかりに人々の関心は向かい、その流れで湾岸のメーンスタジアム構想が雲散霧消しても、そこに生じるリスクに鈍感だった。そもそものビジョンが存在しなかったから、迷走したのだ。このあたりは、同じ開発主義でも、イーストエンド地区の再開発に最初から狙いを定め、文化的な演出も洗練された仕方で取り込みながら目的を達した二〇一二年のロンドン五輪とは雲泥の差だった。

ネット環境のなかに置かれていた五輪

それだけではない。東京五輪は、二一世紀に入って生じたメディア環境の大転換についての認識も欠いていた。要するに、ネット社会とは何であるかがわかっていなかった。ネット社会では、私たちの情報論的地平が少なくとも次の三点で大転換を遂げている。第一に、あらゆる人が、意識的・無意識的に情報発信者となる。マスコミのゲートキーパー的役割はもう不完全にしか機能しない。匿名的多数から情報が日々、発信され続ける。第二に、情報は不特定の多と多の結びつきで幾何級数的に増殖するから、その拡散スピードは劇的なものとなる。第三に、過去の情報はクラウド的に蓄積され、様々な検索とプロファイリングの技術によって探索されるから、記憶の消去が半ば不可能になる。本人すら忘れかけていた情報でも、検索で簡単に掘り起こされ、大きな波紋を広げることがある。

これらのメディア論的条件は、東京五輪の前提をすでに大きく変えていた。明らかに、二〇一五年にエンブレムのデザイン剽窃疑惑で起きたことと、開会式直前に演出担当者たちの過去をめぐって起きたことは、同じ現象の反復である。いずれの場合も決定的な役割を果たしたのは、ネット上に蓄積された膨大な過去の情報についての簡易な検索技術である。膨大な情報の海のなかから「過去」が検索され、議論のステージに乗せられた。そうすることで、当事者の現時点での発言とあからさまに矛盾する事実が示される。そしてその情報が、旧来的な官僚システムではとても対応不能なスピードで広がっていく。こうした新たなメディア状況に東京五輪は対応できず、最後まで翻弄され続けた。

要するに、二〇二一年の東京五輪は、東京の未来についての合意されたビジョンも、二一世紀に入ってからのメディア環境のパラダイム転換についての認識も欠落させていた。その欠落を「復興五輪」というキャッチフレーズで取り繕おうとしたわけだが、そこには本質的な意味で「復興」とは何かを考えようとする姿勢が欠落していた。これらの欠落がもたらす数々の迷走の果てで、コロナが来襲したのである。コロナはたしかに、この五輪がもうこれ以上の「取り繕い」を続けることを不可能にしたが、しかしこれが五輪失敗の唯一の原因ではまるでなかった。コロナ以前に、五輪はすでに挫折していたのである。

本書は、ビジョンなきまま出発した二度目の東京五輪が、いかに迷走し、状況の変化に翻弄され、まるで望んでいなかった結末に至ったのかを、とりわけ「復興五輪」の浮上と挫折、国内外のメディア報道の推移などに焦点を当てながら検証してゆく。以下の諸章では、一連のプロセスを、（1）石原慎太郎東京都知事による五輪立候補の背景（一九九〇年代～二〇一一年二月、第1章）、（2）「復興五輪」の浮上から新国立競技場やエンブレムの騒動まで（二〇一一年三月～一九年、第2章）、（3）コロナ感染症拡大による開催延期から森喜朗会長の辞任まで（二〇二〇年～二一年春、第3章）、（4）森会長辞任から開幕まで（二〇二一年春～夏、第4章）の四つの段階に分けて論じていく。その上で、二〇二一年を中心に欧米、韓国、中国における東京五輪報道についても検証する（第5章）。

また、こうした検証作業を通じ、一連の過程で「一九六四年五輪の神話」「復興五輪」「コロナとの戦い」などのナラティブがどのように語られたのか。また、それらが語られる磁場としてのマスメディア（新聞、テレビ、週刊誌）とネットメディアの関係がいかに変化していったのか。そうしてこの五輪は、二一世紀初頭の震災や格差拡大、様々な危機に直面する日本社会とその世論のなかでいかなる意味を持っていたのかなどを考えていく。

第1章

五輪神話と日本人

吉見俊哉

世界都市博会場予定地だった東京臨海副都心
［1995年4月13日、写真提供：朝日新聞社］

1　反転した東京五輪神話

史上、最も不人気なオリンピック

二〇二一年六月九日の国会答弁で、コロナ禍のなか、リスクを冒してなお五輪開催を強行する意義が一体どこにあるのかを野党党首に問われた菅首相は、自身が高校生で経験した一九六四年の東京五輪の輝かしさを長々と真顔で語った。東洋の魔女、回転レシーブ、マラソンのアベベ、柔道のヘーシンクなど、彼の「思い出」のアイテムはありきたりだったが、それでも首相は、そうしたかつての眩しい経験を、今の子供や若者にも見せて希望や勇気を与えたいと語った。

これほど世界がパンデミックで苦しんでいるときに、日本の首相が国会の党首討論で口にできた五輪開催の意義は、六四年東京五輪の思い出話以上のものではなかったのだ。唐突に無内容な思い出を語り始めた首相に、「そんなの聞いていない！」とのヤジも野党席から飛んだが、その通りである。そんなことは聞いていない。未来の日本へのビジョンのなかで、東京五輪をあえて開催する意義は本当にあるのか？　それが質問の内容だった。結局、コロナ禍でなお東京五輪を開催するのは、高度成長の頃からいまだに頭の転換ができていない日本の政治指導層が、あのかつての「輝かしい日本」と彼らが思い込んできた五輪経験を若い世代にも押しつける、それだけが神聖な目的だというわけである。

　馬鹿馬鹿しすぎて、失笑した人も少なくなかっただろう。ところが、この馬鹿馬鹿しさが、コロナ禍がこれほど深刻化する前まで、多くの人には気づかれずにいたのである。だが、東京五輪開催に対する世論の支持は、コロナ禍の深刻化と長期化により劇的に変化した。二〇二〇年三月末、開催延期を決定しても、翌年の五輪開催に対する支持は、感染拡大と反比例するかのように漸減し、同年末から二一年初めにかけてそれまでで最低となった。多くの世論調査で、五輪を開催すべきと考える人が二割以下となり、約八割の国民が五輪は再延期するか中止すべきと答えたのである。二一年三月以降は開催賛成派の若干の巻き返しがあり、開催派、再延期派、中止派がそれぞれ三分の一程度ずつで拮抗するようになっていった。つまり、五輪を開催すべきか、中止すべきか、延期ができるのかどうかについて国民の意見は完全に分裂し、どれか一つには収斂しない状況となった。

　たとえば、共同通信社が二〇二一年一月九、一〇日に全国電話調査した結果では、「中止すべきだ」と答えた三五・二％と「再延期すべきだ」と答えた四四・八％を合わせ、二〇二一年夏の五輪開催に対する反対意見は八〇・一％となった。この傾向は大きくはその後も続き、同社の三月の調査では、東京オリパラを今夏開催するべきだとした人の割合は二三・二%、再延期すべきと答えた人は三三・八%、中止すべきと答えた人は三九・八%だった。翌四月の調査でも、三つの立場の割合は、二四・五%、三二・八%、三九・二%と大きな変化はなかった。つまり、二〇二一年前半期を通じ、全国の約七割が、二〇二一年夏の東京五輪は開催すべきではないと考えていたのである。しかも、同社の四月の世論調査では、三月二五日に福島県をスタートした聖火リレーについて、最後まで継続するべきだと答えた人は一三・二%にとどまった。コロナ感染が深刻な地域に限って中止すべきだとした人は四九・三%、全面的に中止すべきだとの回答は三五・九%に上った。

テレビ局系では、JNNが二月、三月、四月、五月と五輪開催の是非について継続的に世論調査をしており、その推移を見ると、二〇二一年夏に「開催すべき」と答えた人は、二月が最低で一四%、三月が二八%、四月が三一%、五月が三五%と徐々に増え、「延期すべき」は四六%から三四%、三三%、二八%、「中止すべき」は三五%から三三%、三二%、三七%と推移していった。つまり、二〇二一年初頭には大半の人が東京五輪は「延期」か「中止」をすべきと考えていたが、三月以降、「開催」派がやや持ち直し、世論は開催派、延期派、中止派がほぼ三分の一ずつで均衡するようになっていたようだ。

他方、NHKの世論調査には、その調査手法の変更に政治的意図が働いたのではないかとの疑念が投げかけられている。もともと二〇二〇年一二月のNHK世論調査では、東京オリパラを「開催すべき」が二七％、「中止すべき」が三一％、「さらに延期すべき」が三一％だった。二一年一月の調査では、「開催すべき」が一六％、「中止すべき」が三八％、「さらに延期すべき」が三九％となり、非開催派を合わせると約八割に達した。ところが二月の調査から、NHKは質問形式を変更し、質問文に「IOC＝国際オリンピック委員会などは、開催を前提に準備を進めています。あなたは、どのような形で開催すべきだと思いますか」という前文を置き始めた。しかも、回答の選択肢から、それまで約四割を占めていた「さらに延期すべき」を外し、「開催すべき」の選択肢を「これまでと同様に行う」「観客数を制限して行う」「無観客で行う」の三つに増やしたのである。

いずれにせよ、二〇二一年春、東京五輪開催に対する国民世論は、「開催派」「再延期派」「中止派」にほぼ三分された。NHKや読売新聞のように開催を後押しする姿勢を保持したいところは、この「再延期派」を「開催派」に組み込んで報道できる仕組みを工夫し、「開催派」が「中止派」をやや上回っているかのような印象を作り出すこともあった。

とはいえ、この夏に「開催すべきでない」との意見をはっきり持っている層の意見は変えようもなく、二〇二一年五月の時点でも、だいたい三〜四割の日本人は、もう東京五輪は中止すべきだと考えていた。本当にこの夏に五輪を開くべきと思っている層は約二〜三割の人々で、残りの三〜四割が状況次第でどちらにも傾く層だったと考えられる。

二〇二〇年末から二一年にかけての多くの世論調査が五輪開催にきわめて否定的な日本の世論を浮かび上がらせたことは、世界のメディアで驚きをもって報道された。たとえばカナダ放送局は、「熱狂の1964年の五輪とは対照的な支持の減退。57年前の東京五輪は、第二次世界大戦の灰のなかからの再生を象徴していた。今年7月に延期された五輪とはあまりに違い、皮肉なコントラストとなっている」と報じた。また、新聞通信調査会は三月二〇日、コロナ・パンデミックが続く中での東京五輪開催の是非を米国、フランス、中国、韓国、タイの五カ国で尋ねた世論調査結果を発表し、国際世論が五輪開催にきわめて否定的なことを明らかにした。その結果によれば、「中止すべきだ」「さらに延期すべきだ」の回答の合計が、五つのすべての国で七〇%を超えていた。特に、タイでは九五・六%、韓国で九四・七%の人が五輪開催に否定的で、二〇二一年の東京五輪は、世界の世論、とりわけアジアの世論にまるで支持されていなかった（朝日新聞、二〇二一年三月二一日）。

再演され続けた一九六四年の神話

このように、二〇二一年夏の開催が間近に迫った時点で、日本人の多くの心はすでに東京五輪から離れ、開催強行を望んではいなかった。海外の世論はますますそうで、これほど国内からも世界からも望まれないまま開かれたオリンピックは、長いオリンピック史上でも他にはそうはない。だが、これは二〇二〇年以降の話である。そこから遡ること四半世紀、もともとこの二度目の五輪開催を東京都が推進することになった背景は、一九九〇年代半ば以降の国内世論にあった。すなわち、二〇二一年に国会答弁で「輝かしい」思い出を語った菅首相と同様、かつて世論のなかで一九六四年東京五輪の「輝かしさ」への思いの再浮上があったのである。それはかなりの程度、テレビ等での繰り返しの報道で誘導された意識でもあった。だから問題の根底には、日本人自身が、一九六四年東京五輪の神話的な「思い出」を、メディアを通じて頑《かたくな》に抱擁し続けてきた事実が存在する。

長らく日本人は、一九六四年の東京五輪を戦後日本の「成功体験」として想起し続けてきた。その物語はこんなふうだ。それ以前、一九四〇年の東京五輪は、日中戦争拡大で断念せざるを得なくなった。戦後、平和を掲げて日本は再出発し、様々な苦難を乗り越えて六四年五輪を成功させた。とりわけその聖火リレーと開会式、女子バレーボールチームの金メダル、男子体操の大活躍、マラソンでの円谷の銅メダル等々が、まさしく菅首相が国会答弁で語ったように、戦後日本人にとって忘れられない「輝かしき瞬間」として記憶された。この東京オリンピック開催を通じ、日本国民は世界のなかで自信を取り戻し、高度経済成長を実現させ、やがて大阪万博開催に至るというわけである。

まさにこのような東京五輪神話が、繰り返される昭和回顧の報道番組をはじめ、一九九

「東京オリンピック」に言及する新聞記事数の推移
(朝日新聞・読売新聞)

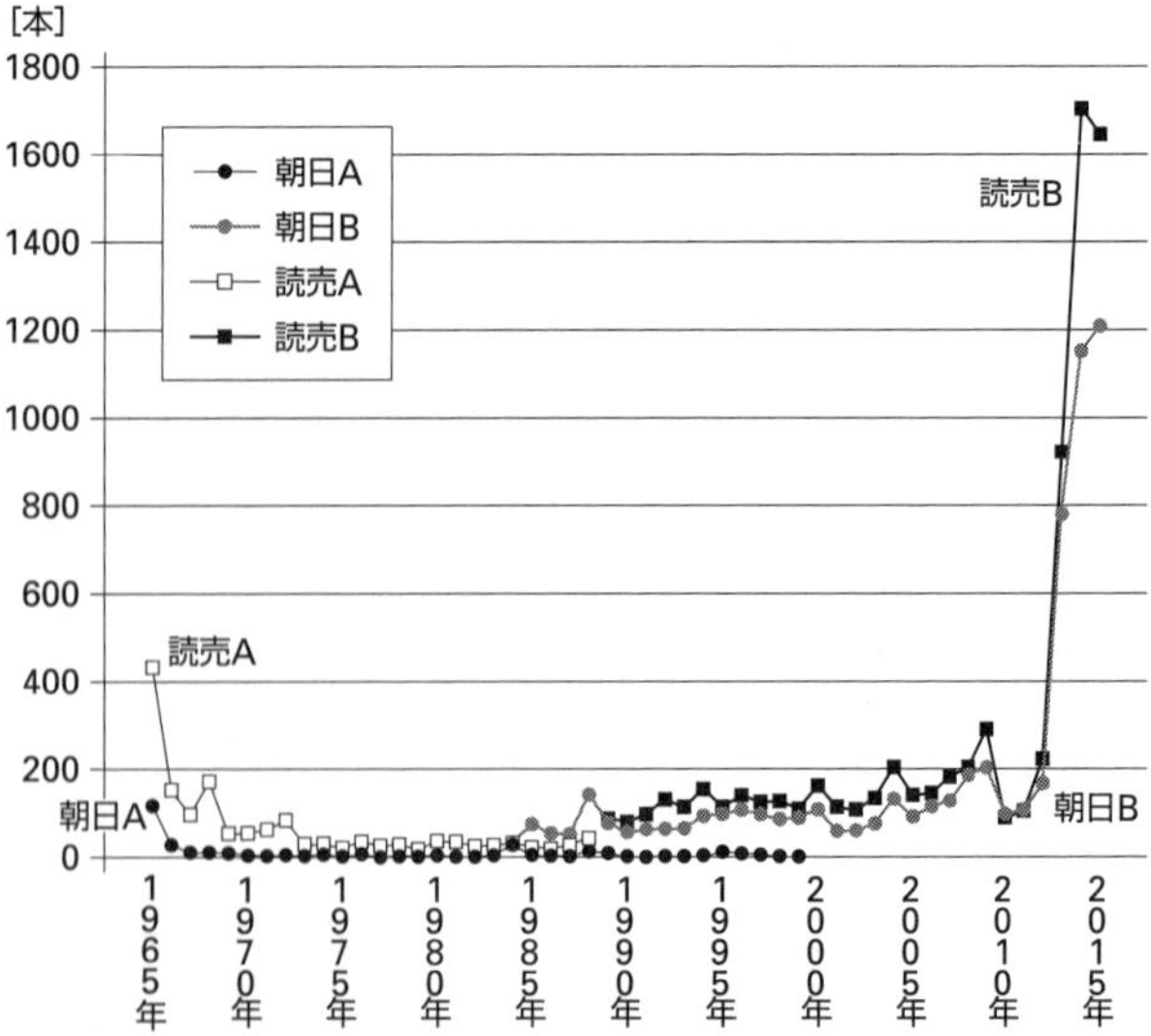

[朝日新聞、読売新聞それぞれのデータベースによる
(両紙とも1980年代にデータベースの形式が変化しているのでA、Bとした)]

〇年代以降もメディアによって盛んに語られ続け、視聴者の心でも再演され続けてきたのである。しかも、メディア上でのこの神話の再演は、一九七〇年代から八〇年代にかけて最も弱まった時期を経たのち、九〇年代半ば以降、再び盛んになっていた。

もちろん、これは「昭和」回顧の流れとも関係がある。一九八九年一月に「昭和」が終わり、国内ではその「昭和」を回顧しようとする意識が広がった。東京オリンピックは、多くの日本人が「昭和」を懐かしみ、自らのアイデンティティを再確認していく大衆的な語りにおいて、必ずや中盤のクライマックスをなす神話的場面として再演され続けた。しかも、一九六四年五輪を二〇、三〇代で経験した人々は、バブル崩壊後に相当数が定年後の生活となった。この世代にとって、六四年の東京五輪が人生のメルクマールとなる経験であったことは言を俟たない。彼らにとって特別な経験だった東京五輪が、定年後に余暇時間が増えるなかで再び回顧的にクローズアップされてきた可能性がある。

しかし、一九九〇年代以降の六四年五輪への関心の復活には、別の理由もあった。この時代、バブル崩壊後の日本経済の長期低迷のなかで、日本は社会としての目標と自信を失った。貧富の差が拡大し、多くの地方が消滅の危機に瀕し、少子高齢化はとどまるところを知らない。人々の意識も、階層や世代によって分裂していった。国民がテレビをみんなで見る経験は過去のものとなり、一人ひとりがパーソナルメディアに没入するようになった。そして何よりも、日本経済は低迷から脱出できず、一人当たりの生産性も伸び悩むなかで、様々な分野で日本の産業力が後退し、他のアジア諸国、香港や台湾、韓国、そして中国に追い抜かれていった。もはや、日本はアジアの近代化の中心国家ではなくなったのである。このように自信喪失を重ねる日本にとって、伸び盛りの日本を象徴する一九六四年の東京五輪が再び眩しく輝いて見えてきても不思議ではない。過去が、その過去を実際に経験していた時代以上に、栄光に満ちたものとして欲望され始めたのだ。

2 石原都知事と二度目の東京五輪

「お祭り一丁やろうじゃないか、オリンピックだぞ」

この大衆的欲望は、一九六四年の東京五輪を呼び戻すことで、「あの輝かしい時代」を再体験し、あわよくば再び「輝かしい日本」を招来しようとしていた。日本は底力があり、実は日本経済はまだ元気で、この国には成長し続ける未来があるはずだ、そう多くの日本人が信じたがったのだ。そして、このような大衆意識のなかの呪術的願望を、誰よりも鋭く嗅ぎ取ったのは、右派のポピュリスト政治家たる石原慎太郎だった。

二〇〇五年夏、東京都知事だった石原は、「日本に五輪を招致するならばキャパシティーとしても東京しかない」と、二〇一六年開催のオリンピックの東京誘致を宣言した。知事指揮下で東京都は翌〇六年六月までに、主会場は東京湾臨海部とし、施設は半径一〇キロ圏に集中させる案を練り上げた。開会式や陸上競技を行うメーンスタジアムを晴海の都有地に新設し、そこまで大江戸線を延伸させる計画だった。当時から都民には「東京はオリンピックを招致しなくても十分にエネルギッシュ」との疑問の声があったが（朝日新聞、二〇〇六年三月一日）、石原と東京都は、湾岸での五輪開催に邁進《まいしん》していった。

石原は記者会見で、「周りの国に勝手なことを言われてだな、国会はバカなことをやってる。むしゃくしゃしてるときに、何かちょっとおもしろいことねえか、お祭り一丁やろうじゃないか、オリンピックだぞということでドンと花火を打ち上げればいいじゃないか」と述べ、憂さ晴らしのため「お祭り」としての五輪誘致を大っぴらに語っていた（『AERA』二〇〇六年九月一一日号）。「周りの国」とは、もちろん中国を指したわけで、この発言には、当時、準備が進んでいた北京オリンピックに対する石原の敵愾心が含まれていた。石原は別の機会にも、「日本は大きな技術力と金融力の両方を持っているのだから、日本の国力を見せつけてやりたいですね。五輪を通じて「なめたらあかんぜよ」と言ってやりたいと思っている」と語っていた（産経新聞、同年一月四日）。明らかに、石原はこの東京五輪を、何よりも周辺諸国に対する「国威発揚」のために構想したのである。

しかし、石原都知事に強引に先導された二〇一六年東京五輪の招致運動は、二〇〇九年一〇月の国際オリンピック委員会（ＩＯＣ）総会でリオデジャネイロやマドリードに完敗し、いったんは後退を余儀なくされる。ところが石原知事は、この敗退のすぐ後で、今度はリオ五輪の四年後、二〇二〇年五輪の東京招致に再挑戦すると仄めかす。「せっかく機運が盛り上ってきた」ので、「東京の責任」をまっとうするとの話だった（朝日新聞、二〇〇九年一一月七日）。

そして二〇一一年六月、東日本大震災から三カ月が過ぎた頃、石原知事の東京五輪への動きが再び本格化した。なぜならば、二〇二〇年に東京五輪を開催することは、「東日本大震災から復興した日本を世界に見せる好機」と、彼は目敏《めざと》く見抜いたのである。震災から九年後のオリンピック開催は、これを「復興のシンボル」とするのにぴったりのタイミングだと計算したのだ。もっともこの頃になると、元首相の森喜朗がラグビーのワールドカップと東京五輪を結びつけることを視野に入れ石原と手を組んでいたから、「復興五輪」には、反中的な「国威発揚」以外にも政治家の思惑が絡まり始めていた。

石原らの動きに対し、なぜ震災復興のための五輪なら東北開催でないのだと、至極当然な疑問も生じていた。震災から三カ月余の当時、まだ膨大な数の人々が避難生活を送っていた。つまるところ、「被災地が利用されている」だけだと批判されながらも、この「震災復興のシンボル」としての東京五輪というスローガンは、世界の諸外国に好意的に受けとめられ、支持拡大の基調をなしていく。東日本大震災の衝撃は、日本を救おうという思いを全世界に広げた。たしかに震災による凄まじい破壊で、日本は危機に陥っているように見えた。オリンピックが人類的友愛の理念を掲げる以上、これを日本で開催し、世界の人々が再びこの列島を訪れる流れを作ることには正義があると感じられたのだ。

こうした基調のなかで誘致活動が繰り広げられ、ついに二〇一三年九月、ブエノスアイレスで開かれたＩＯＣ総会で、第一回投票から東京はマドリード（二六票）、イスタンブール（二六票）を大きく引き離す四二票を獲得、第二回投票でもイスタンブールに大差をつけて開催権を獲得した。このときのプレゼンテーションで安倍首相（当時）は、福島原発事故の汚染水はすでにコントロールされていると明言し、国内に波紋を呼んだ。なぜなら放射能汚染の現場は、とても「コントロールされている」状況にはなかったからだ。

鈴木俊一都知事と世界都市博の挫折

だが、もともと二〇一六年に二度目の東京五輪開催が構想されたのには、単に大衆世論がそれを願望したというだけではない理由もあった。それは、一九九〇年代半ば、鈴木俊一都知事（当時）が開催を狙った世界都市博覧会の挫折である。鈴木都知事が公に臨海部での万博開催について語り始めたのは、一九八八年二月頃だった。この時点で鈴木都政は三期目に入っており、美濃部時代の財政赤字も片づいて湾岸開発に向かう絶頂期だった。鈴木はもともと一九六四年の東京五輪で副知事として東京改造の舞台裏を仕切り、続く七〇年の大阪万博では事務総長として実務の中枢にいた人物である。つまり鈴木ほど、戦後日本の五輪と万博、その開発効果を知悉した政治家はいなかった。その鈴木が、都知事としてのキャリアの頂点で、世界都市博の東京湾岸での開催を構想したのである。

彼は記者会見で、実は一九六〇年代、「東京オリンピックがすんだら万博をやろうということになっていた」と熱っぽく語った。鈴木によれば、当時、東京都と自民党は東京千葉に埋立地で日本初の万博を開催しようと調整を始めていた。ところが、池田首相から「万博は、大阪の左藤義詮《ぎせん》知事に譲った方がいい」と説得され、結局、鈴木はその事務総長を務めることになったという。それから四半世紀後、鈴木は「万博をやると、社会資本整備には大変いい」と語り、再び同じ夢を見始めていた（読売新聞、一九八八年二月三日）。実は、この鈴木の構想を支える面々も昔と同じで、基本構想懇談会座長は丹下健三、コンセプト作りの中枢には堺屋太一がいた。一九七〇年の大阪万博と同じ陣容である。

こうした知事の意向を受け、一九八八年九月、東京都は「未来都市と人間活動」をテーマに、一九九四年春から半年間、東京湾臨海部で大規模な国際博覧会を開く方針を打ち出していった。都側は、この博覧会は「変容を続ける巨大都市東京の都市開発そのものを1つの作品に見立て」るもので、「「東京だからこそ」といわれるこれまでにない趣向を凝らした国際的な大規模イベント」となると説明していた（朝日新聞、一九八八年九月一四日）。

当然、東京都はこれをBIE（博覧会国際事務局）が公認する万国博覧会として開催することも考えただろうが、時間が足りなかった。鈴木知事が万博開催を語り始めるのが一九八八年二月で、都が「世界都市博」開催を打ち出すのがその約半年後だから、俄仕立てである。これほど短期で開催を目指したのは、知事がすでに高齢で、「鈴木都政の記念碑ともなるイベント」をぜひ催したいとの思惑が働いていたともされる。

しかし、一九九一年にバブルがはじけ、多くの企業は万博参加どころではなくなった。臨海副都心のビルに入居を予定していた企業は次々に撤退を決定するが、動き出した公共事業はなかなか停止できない。臨海部開発の先行きが怪しくなるなかで基盤整備予算は膨れ上がり、都市博開催への世論の批判も高まっていった。一九九二年一二月の段階で、出展を約束した企業は一社もないという危機的状況だった。それでも鈴木知事は開催の基本方針を変えず、九三年には、二年延期して九六年に国連や世界の四六都市、国内一二二の自治体や企業が参加し、二〇〇〇万人を目標来場者数とする開催を正式決定する。

鈴木は追い込まれても動ぜず、「東京オリンピックのときも、大阪万博のときも、無理だと言われたがやりきった」と豪語していた。しかし当時、ある関係者は「知事は、いまや天皇なんですよ。大臣クラスの代議士でさえ、「君」づけで呼ぶんで、みんな怖くて行きたがらないし、悪い話は耳に入れようとしない。（中略）この風通しの悪さが、都庁内の批判精神をすっかり奪ってしまった」と嘆いていた（『AERA』一九九四年一〇月一七日号）。結局、開催直前の一九九五年、都知事選で「都市博中止」を訴えた青島幸男が当選、公約通り都市博の開催中止を決定した。この決定に、多くのメディアは喝采し、大方の都民も青島を支持した。泥沼を突き進む大型車に急ブレーキがかけられたわけである。

都市博中止で取り残された東京湾岸

ところが、この青島知事による都市博中止決定は、東京の未来に大きな課題を残すこととなった。まず、都は中止に伴う多額の補償金を企業などに払わなければならなくなり、財政的な混乱が生じた。また、「起爆剤」を失った臨海部開発は迷走を続け、その開発の方向性をめぐり知事と議会、都職員の間に亀裂が広がった。そもそも臨海部開発は、都民の間での十分な議論もなしに様々な開発計画が動き始めた結果で、それらの開発へのイデオロギー的な同意を取りつけようと都市博開催が決まったのである。つまり、これはそもそも本末転倒だったわけで、バブルがはじけて企業が撤退していくと、都市博開催は臨海部開発の問題性を集約的に示すものとなっていった。したがって、本当ならば、青島幸男は鈴木とは異なるビジョンを都民に示し、不承不承でも議会や企業を巻き込んでいく必要があったのだが、そもそも青島にはそうした構想力も政治力も欠如していた。

結局、東京湾岸では基盤整備がなし崩し的に進んでいく。たとえば、都市博中止決定後も、その都市博のパビリオンになるはずだった諸施設の工事は続いた。そして一九九七年には、「水の科学館」や「有明処理場見学説明室」「共同溝展示室」など名前は地味だがそれなりの規模の施設がオープンする。「ゆりかもめ」や「東京臨海高速鉄道」(りんかい線)の交通システム整備も進んだ。それでも「副都心全体の街づくりをどうするのか、一向に見えてこない」というのが現場の声だった(読売新聞、一九九五年六月一日)。

やがて二〇〇〇年代初頭、千代田区や港区などの内陸部では、再び大規模開発ブームが訪れていった。それ以前、都心部では、一九八〇年代末にバブルで地価が高くなりすぎたため、公共用地は一時土地処分が凍結され、民有地も誰も買えなくなり、開発自体が立往生した。しかしその後、小泉純一郎政権の「構造改革特区」による「ミニバブル」への流れのなかで土地売却と再開発への動きが加速され、国内外資本による大規模開発が一斉に動いていったのである。そして、それらの開発プロジェクトの多くが完成を迎えていったのが、二〇〇〇年代半ばのことだった。こうしてオープンしたのが、東京駅丸の内方面のオフィス街や汐留の再開発地域、大崎駅周辺の再開発などであった。

歴史は繰り返す。一九八〇年代末の都市開発ブームのなかで突然、湾岸での世界都市博開催に鈴木知事が向かったのに似て、二〇〇〇年代半ばのブーム再来では、今度は石原慎太郎知事が、やはり東京湾岸での二度目の東京五輪開催を提案するのである。つまり、一方には中曽根政権の民活路線と金融緩和によるバブルへの奔流があり、他方には小泉政権の規制緩和や特区戦略のなかでの小バブルへの流れがあった。そして、前者が地上げの横行と東京湾臨海部での開発ブームを生み、やがて挫折していったのに対し、後者は都心の丸の内、汐留、六本木、大崎などでの巨大再開発を後押ししていた。

この東京内陸都心部での二〇〇〇年代に入ってからの大規模再開発を、東京都はどのように受け止めていただろうか。というのも、これらの都心部の再開発で潤うのは民間大企業である。これに対し、東京都の経営からすれば、湾岸部こそ本命である。ところが湾岸部の開発は、内陸都心部に比べれば遅々たるものだった。だから、湾岸部でも内陸部に匹敵する再開発の流れを作る必要があると感じられていたはずだ。こうしてかつて鈴木知事が世界都市博を考えたのと似た理由で、石原知事が東京五輪誘致を考える必然性はあったのだ。つまり、石原や都幹部たちの東京五輪招致構想は、青島の都市博中止決定に対するリベンジのような狙いをもっていたともいえる。内陸の都心部が生まれ変わっていくのを傍目に躍進のきっかけをつかめずにいた東京湾臨海部だが、二度目の「東京五輪」を契機に大規模投資を呼び込み、一気に状況を転換させようとの思惑だった。

このように、二〇一六年五輪に立候補した時点で、東京都にとって五輪開催と東京湾岸開発は不可分だった。都が狙ったのは、会場の大部分を湾岸部とすることで、「塩漬け状態の土地の価値を上げようとする、したたかな〝錬金術〟」である。湾岸部では、都市博中止以来、「道路や鉄道などのインフラ整備が遅れ、価格を下げても土地の買い手がなかなかつかない状況が続いて」いた。「五輪招致が実現すれば、オリンピックスタジアムや選手村が建設される臨海部には新たに道路も延び、国や民間の資金も注ぎ込まれる。都は、選手や関係者1万8500人が入る選手村の整備費1353億円を民間資本で賄おうとするなど、不良債権が一気に「一等地」に変わると当て込んで」いた（読売新聞、二〇〇六年九月一日）。石原は、多くの土地が更地のままの臨海部は、ずっと「負の遺産だったが五輪でユーティリティーが出てくる」としていた（朝日新聞、二〇〇七年七月一三日）。

当然ながら、この当初の構想の東京五輪では、開閉会式や陸上競技を開催するメーンスタジアムも、湾岸の晴海に一〇万人収容の新スタジアムを建設することになっていた。二〇〇七年五月、招致委員会は、「国立競技場についても検討を行ったが、神宮地区は都市計画法による建築物の高さ制限があり、8万～10万人規模のスタジアム建設が難しい点や、臨海部の選手村から離れていることなどから、当初案通り晴海地区への建設を決め」たと発表している（産経新聞、二〇〇七年五月二三日）。そして、神宮外苑の国立競技場のほうは、旧来の建物を改修し、サッカー競技会場として使用するはずだった。

当時、石原都知事もこの点では明快で、記者からの「メーンスタジアムは晴海ではなく代々木に、との声がある」との質問に対し、即座に「無理です。敷地からいっても、IOCが絶対必要事項として検討している規模のものは、いまの国立競技場には建ちません。神宮球場と隣の秩父宮ラグビー場を両方つぶして合わせると確保できないこともないが、これはやっぱり国の姿勢ですから。そういった兼ね合いで私は、無条件で建てられるいまの（晴海の）候補地が良いんじゃないかと思います」とはっきり答えていた（東京新聞、二〇〇七年一月一三日）。もしも二〇二〇年五輪でも東京都や招致委員会がこの初心を貫いていれば、逆にザハ・ハディド設計のモニュメンタルな競技場は、予算上の批判を受けながらも、東京の景観をぶち壊すのではなく、新たな海からのランドマークとなるとの評価を受けることができただろう。

3　「お祭り」に呪縛され続けた日本

帝都復興祝賀としての一九四〇年五輪構想

以上のように、二一世紀初頭の東京で二度目のオリンピックを開こうという構想は、一方では衰退しつつある日本社会に「あの輝かしい瞬間」を再来させようとする大衆世論によって、他方では世界都市博の挫折で止まってしまった東京湾岸部の大規模開発を再び軌道に乗せようとするしたたかな計算によって促されていた。しかし、これらのさらなる背景には、二〇世紀日本の開発主義を貫いてきた「お祭り」型の復興ドクトリンとでも呼べそうな政策フレイムが、一貫して作動してきたのを確認できる。

いうまでもなく、この復興ドクトリンが最も華々しく作動したのは、一九二三年の関東大震災からの復興、すなわち帝都復興のプロセスにおいてである。大震災で、東京都心部や下町一帯は廃墟と化した。その後、後藤新平による帝都復興事業が大規模に展開されたのは誰もが知る歴史である。そして、あの幻に終わった一九四〇年の東京五輪・万博構想もまた、この大震災からの一連の復興イベントの流れのなかに位置づけられていた。

関東大震災からの復興イベントの動きは早く、震災から三カ月後の一九二三年一二月、浅草六区の興行師たちが興行のプロモーションとして「復興祭」を企画している。翌二四年には、靖國神社で「復興祭」も開催されている。東京都心や下町はまだ瓦礫だらけで、バラックの街が広がっていたのに、浅草六区や靖國神社で人々は熱心にお祭りを興行し、後者ではアトラクションとして陸海軍の飛行機や飛行船の慰安飛行や大相撲、活動写真などが続き、花火は五日間にわたって打ち上げられた。派手やかな「お祭り」は、都市の「復興」を呪術的に招来すると考えられていたのかもしれない。そして実際、これらの「お祭り」と相前後して、愛宕トンネルや清洲橋、隅田公園、国道一号線の拡幅などの土木事業が次々に実現していった。こうして新しい大東京に向けて進んだのは、道路の拡幅や橋の建設、区画整理といった再開発事業であり、帝都復興とはそれらの土木事業と復興祭のような「お祭り」が一体となった開発＝文化事業だった。

そして、この一九二〇年代からの帝都復興事業と復興祝賀イベントのクライマックスとなったのが、一九三〇年三月に開催された帝都復興祭である。この祭典では、一連の公式行事に続き、花電車や広告行列から提灯行列、陸海軍軍楽隊の音楽行進、記念体育大会など盛り沢山のプログラムが展開し、街は人で溢れた。

一九四〇年に開催されるはずだった東京五輪と万博は、実現していれば、帝都復興祭をはるかに上回る復興祝賀のイベントとなるはずであった。これを主導したのは一九三〇年に東京市長に再び就任した永田秀次郎だが、彼は後藤新平市長の下で助役を務め、関東大震災時にも東京市長だった人物である。永田は後藤新平が帝都復興院総裁として帝都復興に邁進していた際、彼の下で計画実現に尽力した。後藤の壮大な復興構想は、やがて長老政治家たちの反対で予算を大幅に縮小され、東京築港計画や多くの幹線道路建設を断念せざるを得なくなった。しかし、それでも帝都復興事業は、大きな柱だった区画整理事業で成果を挙げ、道路も昭和通りや靖国通りなど、都心部で多くの拡幅や建設が実現した。

この帝都復興事業が一段落した一九三〇年、永田は再び東京市長となり、彼のリーダーシップで東京五輪開催が計画されていく。競技場の建設予定地として当初想定されていたのは深川埋立地だった。東京築港は明治以来の東京市の悲願で、後藤は帝都復興を機にその実現を目指し挫折した。しかし、それでも築港に向けて隅田川河口の改良がなされ、深川に大規模埋立地も造成されたから、その活用方法が問題だったのである。一九三三年に永田を継いで東京市長となった牛塚虎太郎は、この埋立地のなかの辰巳地区に運動競技場と市庁舎を建設する案を提案した。やがて、晴海地区と新越中島埋立地で日本初の万博を開催する計画も浮上し、湾岸の埋立地と国家の祭典が結びつけられていく。

一九三五年、東京市はオスロで開催されるＩＯＣ総会で提案するために「オリンピック綜合競技場試案」を発表するが、そこで当初、会場候補として示されたのは深川埋立地の

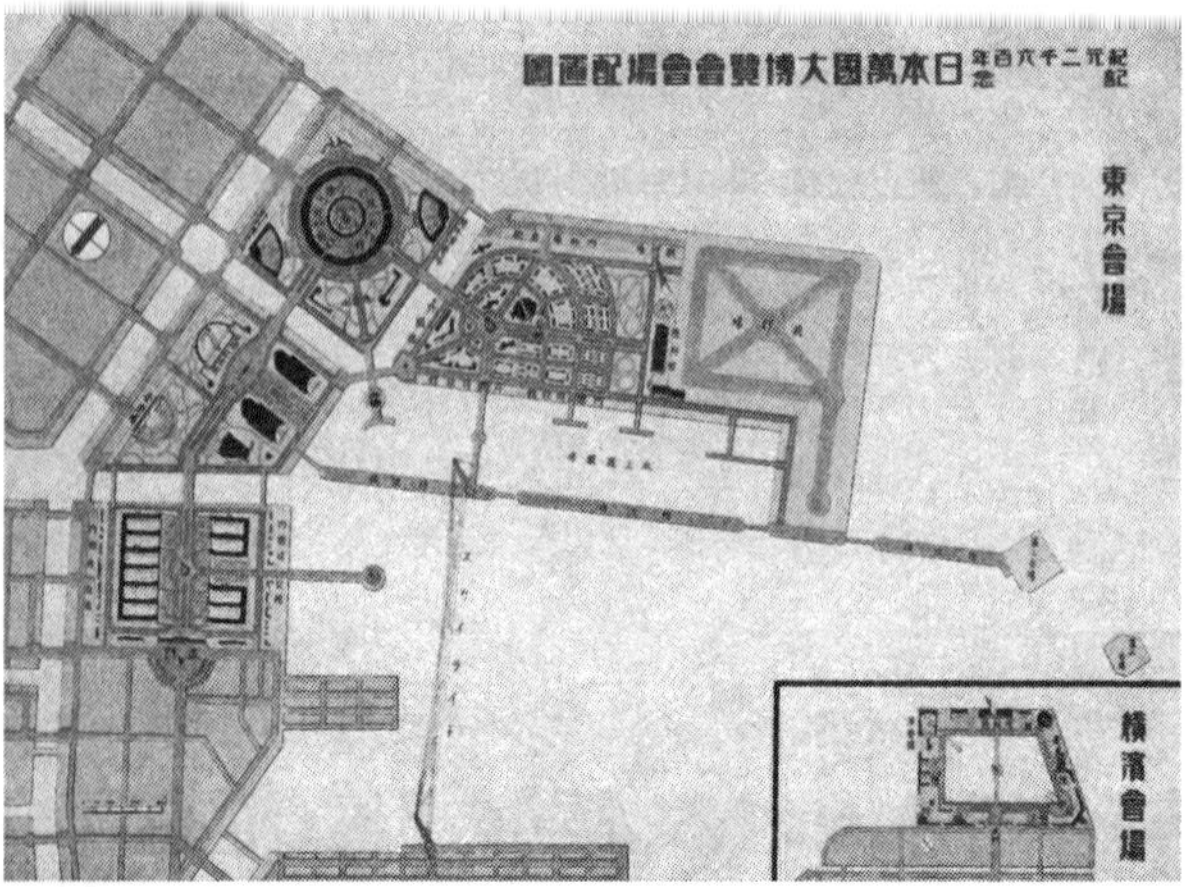

1940年日本万国大博覧会会場配置図　画面左上に当たる敷地がオリンピック会場として想定されていた［日本万国博覧会協会『紀元二千六百年記念日本万国大博覧会』1935年より］

辰巳地区で、この地区を南北に縦断する幹線道路を主軸に諸施設が配置されることになっていた。片木篤によれば、この会場は、南北の「主軸上にはスタヂアムが配され、その東側には馬術場、練習トラックとフィールド、二つの蹴球場が並べられ、反対の西側には水泳競技場と室内水泳場、野外劇場、相撲競技場と二つの少年用相撲競技場、体操場、弓道場、体育研究所が並べられている。（中略）（南北軸と直交する）東西幹線道路に沿って、テニスコートとテニス競技場、武道館、中央事務室、男子体育館、女子体育館が立ち並び、武道館と中央事務室が南側の海に向かう眺望を枠づけている」という構想だった（片木『オリンピック・シティ東京　1940・1964』河出書房新社、二〇一〇年)。要するに、今日でいえば神宮外苑の競技場と代々木の競技場、北の丸の武道館、両国の国技館のすべてを、東京湾岸の深川埋立地に集中させる壮大な計画だったわけだ。

しかし、この東京市による深川開催案は招致委員会では不評で、早い計画段階で消えてしまう。埋立地は風速が強く競技に適さないと競技団体が強く反発したことが大きな理由らしいが、他にもアクセスの不備や埋立地での大規模施設建設の技術的困難などの理由があったようだ。いずれにせよ、翌一九三六年に招致委員会が検討する候補地に深川は含まれなくなり、代わりに埋立地では都心により近い芝浦が候補地に残った。しかし、その後も東京市は埋立地での開催にこだわっており、湾岸の埋立地で巨大イベントを開催することで湾岸開発の流れを軌道に乗せたいとの都市開発的な思惑を抱き続けた。

「お祭り」ドクトリンはどこまでも

こうして東京市は、一九四〇年に東京五輪・万博を開催することで、関東大震災からの復興成就の祝賀と、さらなる帝都拡張のために湾岸再開発の基盤を築くことの一石二鳥を狙ったわけだが、実際にはどちらも実現しなかった。それどころか、第二次世界大戦末期の度重なる米軍空爆で、十数年前に復興を祝賀していた東京は、震災後よりももっとひどい焼け野原と化してしまったのである。だがこのとき、かつての帝都復興と戦災からの復興を重ねていこうという、新たなる「お祭り型」の復興ドクトリンが浮上してくることになる。こうして一九六四年の東京五輪は、首都高速道路や新幹線、モノレールや地下鉄の建設と相俟って、土木事業とイベント開催が一体化する「お祭り」ドクトリンの完璧な実現となった。同時に戦後日本人は、テレビ中継されたこの東京五輪への熱狂を通じ、長くその「輝かしさ」を忘れられぬ「思い出」として抱きしめ続けるのである。

一九六四年の東京五輪以降も続いたこの「お祭り」ドクトリンの歴史をここで振り返っておこう。一九七二年には札幌冬季五輪が開催され、その後、名古屋が八八年夏季五輪を開催しようとしてソウルに敗れた。九八年は長野冬季五輪が開催され、その後、大阪が二〇〇八年の夏季五輪をやろうとして北京に敗れる。二〇一六年の東京五輪構想がいかにして「復興五輪」を掲げた二〇二一年五輪に展開していったかはすでに述べた。さらに今後も、二〇三〇年には、再び札幌で冬季五輪を開催する計画がある。

以上を振り返れば、戦後日本は、一九六四年の東京五輪以来、ほぼ一〇年ごとに夏季ないし冬季のオリンピックを開催しようとし続けてきたことがわかる。これは、単なる偶然ではない。戦後日本社会では、中央省庁や大都市自治体、経済界やスポーツ界の仕組みのなかに、オリンピックを開催し続けることがシステム化されてきたのである。

とはいえ、「お祭り」ドクトリンは、オリンピックだけに支えられてきたのではない。万博もまた一貫してこのドクトリンの支柱であった。東京五輪後、一九七〇年に大阪万博が開催された。そして七五年に沖縄海洋博が開催され、八五年にはつくば科学万博が開催された。九〇年に大阪花博、そして二〇〇五年には「環境万博」を謳った愛知万博の開催へと続いていった。さらに二〇二五年には、再び大阪で万博が開催されようとしている。オリンピックほど規則的ではないが、こちらも平均すれば一〇年間隔ぐらいで万博が開催されてきたことがわかる。しかも、二〇〇五年の愛知万博は、一九八八年五輪の名古屋招致の失敗を受けての次善策、二〇二五年の大阪万博は、二〇〇八年五輪の大阪招致の失敗を受けての次善策だから、二つの「お祭り」ドクトリンの間には構造的連関がある。

容易に察せられるように、この戦後日本を通じた五輪や万博の開催メカニズムを「お祭り」ドクトリンと呼ぶのは、カナダのジャーナリスト、ナオミ・クラインが戦争や災害、テロ、政変などの「惨事」につけこんで、人々が茫然自失でいる間に大胆に規制緩和を実現させてしまう暴力的な経済改革を指して「ショック・ドクトリン」と呼んだのに倣っている。日本の場合、「惨事」につけ込む面もなくはないが、それよりも国民的な「お祭り」を錦の御旗にして経済政策や大規模開発を実現させていくことのほうが多い。日本は、「惨事便乗型資本主義」というよりも、「お祭り喝采型資本主義」なのである。

すでに示してきたように、戦後日本で、この「お祭り」の頂点に位置づけられてきたのが五輪と万博である。このどちらかを開催できれば、国や産業界から開催地のインフラ整備等のために莫大な資金が注入され、多くの関連産業が潤い、メディアもビッグイベント開催に向けて総動員体制となっていく。だから、五輪や万博の開催は、市場経済面からも、イデオロギー面からも、既存体制を大いに強化するのである。

しかも、IOCやBIEへの立候補地を日本政府が決めれば、中央省庁内にも自治体内にも、開催誘致から実現までの流れを支える体制がしっかりできあがる。そして一度、そうした組織体制ができると、また同じことを繰り返そうとする慣性の法則が働き始める。つまり、ある五輪が閉幕すると、その翌日から次の開催候補地の模索が始まり、自治体と中央省庁の間で水面下の調整が始まるのである。どちらも、開発や規制緩和のために有用な「抜け穴」を残しておきたいと考えてきたのだ。

このようにして、一九六四年から、見込みでは七〇年近くにわたり、戦後日本で「お祭り」ドクトリンは連綿と機能し続けてきた。この「連綿」とした反復を通じ、自民党政治家や財界、マスコミ企業、各地の有力者の間で、このドクトリンの信頼度は相当なレベルに達してきた。だからこそ菅政権は、新型コロナの感染状況がどんどん悪化し、コロナ対策で集中砲火を浴びても、オリンピックさえ成功裡に開催できれば、国民世論の流れは変わると信じていたのだろう。つまり、このドクトリンに呪縛されてきたのは庶民だけではない。政策当局の官僚や政権幹部までも、長くこれにすがってきたのである。

コロナ・パンデミックは、そのようなドクトリンの幻想を、凄まじい力で打ち砕いた。二〇二一年六月の国会で、一九六四年の東京五輪の素晴らしさについて長々と「思い出」を語った菅首相は、五輪閉幕後もちっとも政権支持率が回復しない現実を前に退陣に追い込まれた。他方、五輪の「経済効果」に期待していた事業者も、そのようなものはまったく得られず、逆に五輪に向けてした投資の負債を負うこととなった。日本社会全体としても、この五輪は「経済効果」よりもはるかに大きな「負債」を残す。それがどれほどの規模のものかの正確な試算と、誰がどうその責任を負うのかの議論がこれから必要だが、まずは「お祭り」が失敗に終わったという冷静な認識が出発点となる。

最後に、一九六四年の東京五輪に関与した都市計画家高山英華《えいか》が、磯崎新の聞き取りに対し、日本の都市計画を貫く特性を要約した次の発言を改めて引用しておきたい。

「日本人はそういうこと（お祭り）がないと予算も力も出さないから——ということは、ぼく、どっかに書いたんだよ。そういうものは地域開発のひとつの手段としてはいいんだけど、こういう手段だけじゃないとモノはできない、というのはまずい。だから生活環境なんか遅れちゃうわけだね。……（日本の地域開発は）プラスアルファばっかりになっちゃって（笑）、基盤になっているのは、逆にいうと、ほかの基盤を薄めこそすれ、基盤じゃないもののほうへ総予算がいっちゃうという、そういう仕組みになっているわけだ。しかし、そのぐらい結集しないと結局何もできないということなんだ、日本人というのは。政府も」（『都市住宅』第一〇二号、一九七六年）

大規模な公共用地取得や都市整備のために大型予算を引き出す日本的政治技術が、高山の発言にある「お祭り」であった。戦後日本社会は、かつて「軍」の決定を錦の御旗としたのと同じように、「五輪」や「万博」のような「お祭り」を錦の御旗とし、辛うじて大都市の基盤整備を実現してきた。日本政府が提案する五輪開催が、約一〇年の間隔を置いて計画されてきたのは偶然ではない。政府と五輪や万博といったメガイベントを招致しようとする自治体は、構想初期から緊密に連絡しあい、国家予算を大規模に投入して都市基盤整備を進める必要性を合意しながら、「お祭り」の実現を画策してきたのである。二〇二一年の東京五輪の混迷と失敗が示すのは、一九九八年長野五輪が生んだ多くの負債や、二〇〇五年愛知万博をめぐる混乱と同じように、こうした「お祭り」ドクトリンを推進してきた戦後日本の開発主義が、すでにもう破綻しているという紛れもない事実なのだ。

第2章

落剥する五輪神話

吉見俊哉

ブエノスアイレスでのIOC総会でプレゼンテーションする安倍首相(当時)
[2013年9月7日、写真提供:共同通信社]

1 「復興五輪」というレトリック

石原慎太郎の再挑戦

東日本大震災が生じた二〇一一年三月一一日からわずか三カ月後の六月一七日、石原慎太郎東京都知事（当時）は都議会で、「復興五輪」の理念をもって東京はオリンピック開催に再び挑戦する意志があることを表明した。石原知事は、大震災から「立ち直り、9年後の（日本の）姿を披瀝するならば、世界中から寄せられた友情や励ましへの返礼となるに違いない」との考えから「復興五輪」を正面に掲げると語っていた（読売新聞、二〇一一年六月一八日）。しかし、この意志表明の翌週、都庁を訪れた選手や競技団体幹部に対し、石原知事はひたすらメダル獲得の「要求」や国への「批判」を重ね、「なぜ東京か」についての明快な説明は何ら示さなかったという。これを報じた朝日新聞は、「インターネット上などでは、「復興五輪」の賛否で沸いている。しかし、震災絡みだけで五輪が語られることは、都庁を訪れたアスリートの本意ではないだろう」とコメントしていた（朝日新聞、二〇一一年六月二四日）。

人々にも、唐突に「復興」と「五輪」が結びつけられたことに戸惑いがあり、朝日新聞の川柳投稿欄「かたえくぼ」には、「まだ復興のメドもついていないのに……――国民」との川柳が載っていた（朝日新聞、二〇一一年六月二三日）。複雑な思いは被災地ではなおさらで、東北の市民からは、「具体的に東北にどうメリットがあるのか分からず、東京中心の考え方だと受け止めてしまう。復興を掲げるなら東北で開催すべきだ」との声が上がった。宮城県職員からの反応も、選手を「外国から招く際に放射能の問題が出てくるだろう。原発は首都圏の電力を支えてきたのだから、石原知事は首都圏のエネルギーをどうしていくのか示すべきだ」という厳しいものだった（毎日新聞、同年七月一七日）。アスリートの間でも、たとえば北京五輪のフェンシングの銀メダリスト太田雄貴は、「東京と被災地では温度差があると思う。仙台で五輪をやるなら話は別ですけど、軽はずみに復興五輪を掲げるのはどうでしょうか」と的を射た発言をしていた（朝日新聞、同年七月一九日）。

一般市民の間では、この頃はまだ石原都政主導の五輪再挑戦には否定的な意見が多かった。朝日新聞は八月末、同社beモニター調査の結果を発表しているが、東京五輪開催に期待する人の割合は二一％に過ぎず、七九％が期待しないと答えていた。期待しない理由には、「巨額の費用がかかる」「被災地の復興が最優先」「都知事のパフォーマンスに過ぎない」が上位を占めた。人々は冷めており、「震災対策などやるべきことが多い中、巨額の費用をかけて不要不急の五輪などやるべきではない」（東京、七八歳男性）、再挑戦は「都知事の単なる遺恨試合。食うや食わずの人がいる時に、「天罰が下る」ぞ。福島で暮らしてみろ」（福島、六九歳男性）などの声が聞かれた。ＩＯＣ総会で東京が招致に成功すると思う人はわずか六％、七六％が招致できるとは思わないと答えた。しかも、実現したら観戦したいかという問いにも、「したくない」が最も多くて四一％、「わからない」が三三％、観戦「したい」と答えた人は二六％だった（朝日新聞、二〇一一年八月二七日）。

「復興五輪」なんてネーミングの問題

東京都の側からいうならば、そもそも「復興五輪」は、震災直後の状況で東京が五輪に再立候補することに対して生じるだろう批判をかわすためのレトリックだった。二〇一一年四月、都知事四選を果たした石原慎太郎は、六月の都議会での所信表明演説の準備に入っていた。当時、すでに二〇二〇年東京五輪への再立候補を表明することは既定路線だったが、東日本大震災の直後であり、その状況で東京だけがビッグイベント招致を表明すれば、「五輪どころではない」との批判を国中から受ける心配があった。

そこで策を練ったのは都庁幹部で、逆に「五輪」を「復興」と結びつけ、「復興」のための「五輪」という理由づけにすれば上手に批判をかわせると見込んだのだ。トリッキーな作戦だが、見事に大当たりした。後に当時の都庁幹部は正直に、「当時は批判を受けず、機運を高めることが必要だった」と語っている。石原自身もさらに率直に、「復興五輪なんてネーミングの問題だ。最初に五輪があって、災害がその後、起きた。ちょっと気の利いた人間なら、だれでも考える」と振り返る（朝日新聞、二〇一九年三月一三日）。この人にとっては、おそらく『太陽の季節』も「復興五輪」も同じレベルの話だったのである。

こうして「復興五輪」という「お守り言葉」（鶴見俊輔）を生み出した石原都政は、二〇二〇年五輪招致に向けて突き進んでいく。すでに六月末、石原の「示唆」を受けて日本オリンピック委員会（ＪＯＣ）幹部が被災地自治体の行脚を始めている。彼らが石原の意向に敏感だったのは、その財政基盤の弱さからだった。ＪＯＣは一九八九年に日本体育協会（日体協）から分離独立したものの、国の補助金を各競技団体に分配する役割は先細りだった。文科省はＪＯＣを通さず直接選手を強化する事業を始め、スポーツ振興くじを扱う日本スポーツ振興センターの支援機能も強化されていたからだ。このように日体協、ＪＯＣ、文科省等々が各々タテ割りで権益を守る体制が、後の新国立競技場やエンブレム問題でも迅速な対応を不可能にしていくことになる。

しかし、そもそもこの「復興五輪」というスローガンには、二重の意味で重大な「まやかし」があった。第一に、東日本大震災と福島第一原発の事故によって甚大な被害を受けたのは東北であって、東京ではない。その東北は明治以来、東京への人口や農産物の供給源となり、同時に重化学工業のコンビナートや原発、さらには「核のゴミ」の受入先となってきた。つまり東北は、近代化から高度成長、さらにグローバルシティへという東京の大発展を下支えし、その結果として過疎に悩み、原風景もすっかり変容させられてきたのである。福島原発にしてからが、巨大都市東京の莫大な電力消費を賄うために福島県が水力から原子力までの電力供給基地となったのが原点である。

したがって、震災からの復興のために東北、たとえば福島県の浜通りに五輪の主会場を建設するのならまだしも、五輪開催で東京の都市基盤をさらに立派にしていけば、東北はますます能力の高い人材を東京に吸い取られ、一層困難な状況に追いやられかねない。東北復興のためのオリンピックなら、東京は最もやってはいけない場所のはずだった。

ところがこれは、日本国内の地域間従属構造で、海外からは見えない。東日本大震災での津波による惨状は全世界に報道されたから、「オリンピックで日本を救おう」という声には共感が集まる。だから、国際的に「ウケ」る「復興五輪」というスローガンが五輪招致活動で大々的に使われることとなり、これは招致に有効に機能した。

しかし、改めていうが、五輪で東京をもっと立派にすることは、東北復興にはつながらない。真実はむしろ逆で、「東京のための五輪」は、東北の復興をますます遅らせ、困難にする可能性が高かった。「復興五輪」は、政治色が濃厚な「大いなる嘘」だったのであり、本当に東北復興を望むのならば、東京五輪などないほうがよいのである。

そもそも「復興」とは何か

第二に、ここでの「復興」の語の使われ方には重大な誤用がある。そもそも復興とは、「一度衰えたものが、再び盛んになること」を意味する。同様の言葉には、「再興」「回復」「恢復」「蘇生」「復活」などがあり、いずれも何らかの理由で衰微し、失われたものが、再び取り戻されることを指す。それは、失われた伝統や様式の復興、すっかり衰えてしまった家系や生業の復興という意味だった。歴史的に、この言葉の典型的な使用は、「ルネサンス」の訳語としての「文芸復興」である。もともと近代西欧における「ルネサンス」概念にも、中世を否定し、古代に自己を重ねる操作があった。同じように明治日本は、徳川を否定して古代律令制の復興としての「王政復古」を成し遂げたのだ。

つまり、「復興」とは何よりも過去の復活であり、未来への改良ではない。だから災害からの「復興」で巨大防潮堤が築かれ、木造低層の家々が高層マンションに建て替えられ、地域の昔ながらの風景が失われてしまうことは、この言葉の本義からの完全な逸脱である。被災地を新たな未来に向けて開発することは、断じて「復興」には含まれない。

ところが一九二〇年代、関東大震災からの「帝都復興」が、この言葉のベクトルを反転させる。当時、大日本帝国は東アジア全域に拡張しつつあり、その帝都東京は、アジア最大の近代都市へと発展していた。この帝国主義的拡張が、「復興」の概念を過去の復活から未来の発展へと転換させたのである。そして戦後、人々は再び焼野原となった東京の未来を「復興」の語で象徴することにより、これを震災復興の記憶と重ねた。

一九六四年の東京五輪は、そのような言葉の意味が捻じ曲げられた「復興」が次々に成し遂げられる瞬間となった。その代表が、首都高速道路であり、東海道新幹線であり、丹下健三がデザインした代々木の競技場だった。こうして私たち自身、「復興」と「成長」の区別がつかなくなり、「五輪による成長」という無限の未来を、戦災や震災からの「復興」の名のもとに夢見続けてきたのである。

愚かな幻想だが、そのような「復興」概念の誤用は、阪神・淡路大震災後も、東日本大震災後も繰り返された。震災後、「復興」とは何かという根本が問い直されないまま、ダメージを成長へのエネルギーに変えようとする経済開発主義が幅を利かせ、多くの人が、自分もそのおこぼれに与《あずか》ればという小さなよこしまさから「復興」を歓迎した。

大きな歴史の流れでいうなら、戦後東京は「復興」を「経済成長」として受け止め、東京は、「成長し続ける首都」でなければならないと信じ、そのような直線的な発展モデルに従わせるために、東京五輪から世界都市博までを開発目標として設定し、さらに成長し続ける東京を演出するために「復興五輪」のスローガンをぶち上げたのである。東京圏の人口はすでに三六〇〇万人以上で、日本全体の人口の約三割が東京圏に集中している。事業所の集中、資本の集中、情報の集中、若い労働力の集中はそれをはるかに超えて全国の約半分である。そのような東京をさらに世界都市として「成長」させ続けることは、決して日本列島の諸地方を本来の意味で「復興」させることにはならない。

2　広がる被災地と東京のギャップ

「東京の復興五輪？　なんですか、それは？」

結局のところ、「復興五輪」とは五輪再挑戦への批判をかわすために「ちょっと気の利いた人間なら、だれでも考える」ネーミングだった。だからそれは、様々な政治家にとって招致に有利ならば強調され、不利ならば隠される「お守り言葉」となる。

たとえば、この言葉は日本側が二〇一二年二月にＩＯＣに出した申請ではテーマとして前面に掲げられたが、一三年一月に提出された立候補申請からは消去された。放射能の残布問題や電力不足を心配する声が海外で浮上したからである。ところが、五輪開催地を決定する二〇一三年九月のIOC総会が迫ってきた同年七月以降、東京都やJOCは再び「復興五輪」を前面に出すようになった。いろいろ模索したが、結局、この五輪にはこれといって海外に強くアピールできるビジョンも理念もないことがはっきりしてきたからだ。有力な対抗馬と目されていたイスタンブールは、「欧州とアジアを結ぶ架け橋」であり、「イスラム圏初」であることを前面に出していた。これは強力なメッセージである。東京は「治安」がよく、「財政力」もあると強調していたが、これではとても対抗できない。そこで再び「復興五輪」が注目され、前面に押し出されていったのである。

こうして招致委員会は、被災地と東京を結ぶリレーを二週間かけて実施し、海外のプレゼンテーションでも震災に積極的に言及し始めた。その理由について、ある招致関係者は、「最近、IOC委員からなぜ東京なのか、東京で開催する意義をもっと強く打ち出してほしいという声が出ている」からだと述べていた（朝日新聞、二〇一三年八月九日）。

しかし、当然ながらこのような付け焼き刃に被災地の人々が簡単に騙されたのではない。二〇一三年一月の毎日新聞は、福島第一原発事故でゴーストタウンと化した福島県南相馬市での次のような初老の男性のつぶやきを紹介し、「復興五輪」という掛け声と被災地の人々のリアリティとの埋めがたい距離を浮かび上がらせていた。

「放射能の問題があったから、埼玉に避難した娘や孫に戻ってくれとは言えない。町の男たちも原発の仕事がなくなったし、農業も厳しいから多くは帰って来れまい。何もかも元には戻らないんだ。東京の復興五輪？　なんですか、それは？　本当に復興って何を意味するんだか、教えてほしいよ」（毎日新聞、二〇一三年一月三一日夕刊）

この記事は、やはり南相馬市で飲食店を営む人の、「復興なんて言葉は、こっちの人間にはぐさっとくることがあるんだよ」という発言を紹介している。この人は続けて、「町に戻らない人と残った人、補償金が多かった人とそうでない人……。原発事故後は、人間関係がぐちゃぐちゃだ。家族の中でもいろいろある。五輪なんかで復興をうたうのは無神経ではないですか」とストレートに問うていた。原発事故の被害を最も深刻に受けた地域では、「復興五輪」はきわめて「無神経」な言葉として受け止められていたのである。

しかもこの言葉は、実際にもネガティブな効果を伴うと指摘する人もいた。福島で「子どもたちを放射能から守る」活動をしていたある女性は、「復興五輪」の掛け声が広まっていくと、同時に東北は「『復興に頑張っている』とのイメージが広がり、福島の苦しみは終わったと思う人がいる。時間とともに困難は増している面がある。復興五輪なんてのんきな言葉には心の底から腹が立ちます」と語っていた（毎日新聞、二〇一三年一月三一日）。

東京都が「復興五輪」の看板を初めて掲げた二〇一一年六月と同様、再び強調されるようになった「復興五輪」に、被災地の人々は批判的だった。宮城県南三陸町で衣料品店を営む六九歳の男性は、「被災地に経済効果はほとんどないでしょう。関心が五輪にいって、むしろ被災地は忘れられる」と話していたし、同じ町で喫茶店を営む五五歳の男性も「仙台や福島で開く東北五輪なら復興のためと胸を張れるだろう。でも、なんで東京五輪なのに復興をうたうのか」と反発していた（朝日新聞、二〇一三年八月九日）。スポーツ好きで、ロンドン五輪はテレビで長時間観戦したという福島県浪江町の四七歳の仮設住宅暮らしの男性も、「五輪を呼ぶことがなぜ復興につながるのか理解できない」とつぶやいていた。福島県浪江町の六五歳の男性は、仲間と始めた廃棄物回収の仕事が軌道に乗ったとき、被災した。震災の影響で妻や娘と離れて仮設住宅に独りで暮らす。「東北で開く五輪なら仕事も増えようが、東京じゃあね」（朝日新聞、同年八月八日）と話していた。

たしかに被災地で、「復興五輪」の言葉に違和感を覚えつつも、地域が少しでも元気になるならばと協力姿勢をとった人々も少なくなかった。南相馬市でスポーツクラブを運営するある女性は、「理念なき招致活動に復興が利用されている。なぜ応援するのか」と言われながらも、「五輪は元気につながる格好の材料。そういう人がいて、何が悪いの？」

と言いたい気持ちで招致活動を応援してきたという（朝日新聞、二〇一三年九月一一日）。

したがって、実態として被災地の人々は、「復興五輪」は東京招致を実現するための口当たりのいい「嘘」だと突き放していた人と、それでもなおこの言葉にすがって地域を元気にしようとしていた人に分断されていたことになる。多くの人が「復興」こそが第一義的に重要だと考えていたが、五輪という異物がこの復興にプラスに作用するのか、マイナスに作用するのか見極めかね、地域に分裂が拡大しつつあったのである。

「状況はコントロールされている」

こうして「復興五輪」の評価が国内では分裂するのをよそに、IOC総会での日本のプレゼンテーションでは、震災からの復興が順調に進み、二〇二〇年の五輪は復興の成功を祝し、日本らしい「おもてなし」で世界に励ましへの返礼をしていくとのメッセージが大々的に語られた。とりわけ安倍首相（当時）はこのプレゼンテーションで、汚染水をめぐる「状況はコントロールされている」とことさらに強調し、IOC委員からの質問にも、「汚染水による影響は福島第一原発の港湾内の0・3平方キロメートル範囲内で完全にブロックされている」と答えた（朝日新聞、二〇一三年九月八日）。つまり、国は福島第一原発事故後の放射能漏れを完全に制御しており、東京はその被災地の福島から十分に遠いので安全というわけだった。そして、その被災地から遠い東京で開く安全安心の五輪が「復興五輪」と言うのだった。

当然、こうした被災地の扱いに、被災地自体から疑問の声が上がらないはずはなかった。まず多くの人々から、汚染水漏れの「状況はコントロールされている」という首相発言は明白な「嘘」だとの反発が広がった。現地では、「状況がコントロールされているわけではない」ことは明白だったからだ。IOC総会前、招致委員会の竹田恆和理事長は、「東京は福島と約250キロ離れ安全だ」と発言していたが、この発言も被災地の人々の間に「東京さえ良ければ福島は切り捨ててもいいと受け取れる。復興五輪が聞いてあきれる」といった反発を生じさせていた（河北新報、二〇一三年九月一〇日）。

そして、やがてIOC総会で開催権を東京が獲得すると、その直後に岩手県釜石市の仮設住宅で暮らす七五歳の男性は、「今も多くの被災者が仮設に閉じ込められ、苦しい生活を続けている。あおられるように騒いでいるが、こちらは五輪どころではない」やるせない思いを語っていた（朝日新聞、同年九月一〇日）。それから八カ月後、スポーツ取材で被災地を何度も訪れたある新聞記者は、「自分の都合で、当事者を相談もなく利用し、傷つけ、それでも「あなたのためになりたい」と押しつけているのが、この復興五輪なのだ」という結論に、一連の取材を通じて達している（朝日新聞、二〇一四年五月二一日）。

当時、被災地の人々が東京での「復興五輪」が被災地の「復興」に対して及ぼすかもしれないと心配していたのは次の二点だった。第一に、「東京五輪で被災地の復興が忘れられる」かもしれない。第二に、五輪準備のために「東京では、競技場の新設や交通インフラ整備など開催年に向けて建設工事ラッシュが始まる。復興事業が進む被災地から作業員や資材が引き上げられる」のではないか。つまり、「作業員が賃金など条件のよい（東京の）現場に移る」ため、復興事業がさらに進まなくなるのではないかという不安だった（河北新報、二〇一三年九月一一日）。実際、その後の東京五輪への道程で、このいずれもが単なる杞憂ではなくなっていったのである。開催地決定から五年以上を経た二〇一九年三月、ほぼ全世帯が被災した岩手県陸前高田《りくぜんたかた》市の建設業者は、「復興五輪？　異国の出来事のようだ」と呟いていた。この人物が勤める建設会社では、前年夏頃から工事に欠かせない部品の納品が大幅に遅れるようになったが、原因は「首都圏の再開発や選手村建設など五輪関連工事が影響している」とのことだった（朝日新聞、二〇一九年三月一三日）。

同じ頃、東北に長く住み、柳田国男研究で知られる農政史学者の岩本由輝は、朝日新聞のインタビューに答え、「復興五輪」が内包する構造的問題を見事に言い当てていた。

「行政側は、景気づけに利用しようと思っているのかもしれません。でも、そんなことに乗れない気持ちの人は、少なからずいます。被災地の人間としては、ひとの不幸をキャッチフレーズにしないでほしい。東京五輪は東京五輪として、やればいい。誘致活動を始めたときは想定外だったのに、震災と原発事故が起きたからといって利用するのは、安直というか、無責任な感じがする。何事もなかったら、どんなキャッチフレーズを使っていたのか。開催中だけ盛り上がり、終わってみれば、もとの復興途上の被災地が残っていたとなれば、目も当てられない。復興五輪だなんて、まるで東京が復興するみたいだ」（朝日新聞、二〇一八年三月一四日）

岩本はさらに、この東京と東北の関係が、明治以来の構造の反復であることも指摘していた。すなわち、「近代的な中央集権国家は、必ず周辺に食糧や資源の補給場所を設けてきました。明治以降の東北地方が、まさにそれです。寒冷地に適さない稲作が奨励され、石炭や銅など鉱山資源が掘り出され、多くの農家の子弟が旧陸軍の師団に入隊させられた。あるいは出稼ぎ。戦後は集団就職で東京に向かった。労働力と資源の供給源であった東北は、置かれた意味からしたら植民地の扱い」だった（朝日新聞、二〇一八年三月一四日）。

つまり、近代国家はその構造の根幹に植民地主義を内包しているのであり、すでに琉球を半ば服属させていた薩摩と長州との連合軍による戊辰戦争は、近代日本最初の植民地戦争であった。東北はその敗戦により、日本近代化のなかで一貫して従属的地位に追いやられていく。「復興五輪」を、東日本大震災からの復興に向けた日本政府の努力の一つとしてではなく、このような一五〇年以上に及ぶ日本近代化を通じた植民地化のプロセスの臨界面で生じた出来事として捉えなければならない。震災被災地は、その「復興」が東京で開催される五輪のテーマとされることで、意味論的に改めて収奪されたのである。

3　長沼ボート・カヌー会場構想の挫折

小池都知事の問題提起

振り返るなら、二〇一〇年代半ば、東北の人々が「復興五輪」を自分たちも実感をもって受け入れることができるのではないか期待した瞬間が一度だけあった。二〇一六年夏、都知事選に勝利した小池百合子は、五輪開催費用の抜本的見直しを掲げて調査チームを立ち上げ、五輪開催関連の予算にメスを入れ始めた。その結果、五輪開催の総費用は当初計画をはるかに超え、三兆円を超えかねないことが明らかになっていった。

これは、もともとの招致計画で費用の見積もりがずさんだったことの結果である。とりわけ、ボートとカヌー・スプリントの会場となる東京湾岸の「海の森水上競技場」は、招致段階で想定された整備予算の六九億円から四九一億円へと七倍にまで膨らんでいた。建設資材の高騰に加え、海特有の波や風の影響を抑えるための堤防の整備、埋立地の護岸強化対策などの理由からだった。しかし、これらは精密に調査を重ねていれば、当初の計画段階で予見できたはずのものである。しかも、多くの施設で五輪後の利用者数などの見積もりが過剰で、費用対効果が不透明であることも明らかになっていった。

この財政的破綻の危機を回避するため、調査チームはボートとカヌー・スプリント、バレーボール、水泳の三つの会場の抜本的見直しを提案した。このうちボートとカヌー・スプリントについては、宮城県長沼ボート場が新たな有力候補地として提案された。調査チームを主幹した慶應義塾大学教授の上山信一は、東京都の予算執行が、石原都知事時代以来、全体的なガバナンスが効かずに際限なきコスト増となってきたことを示し、これに歯止めをかけるため、三会場の見直しを提案したとしていた。

上山は一連の調査を通じ、「都には、ひたすら海を埋め立てて開発事業を続けたいという衝動と組織の慣性があるのでしょう。江戸時代からのＤＮＡかもしれない。それが豊洲市場や五輪施設を作らせている気がする。とにかく海を埋め、何かを建てる。惜しげもなく金を使うことが自己目的化しているように見えます」と語っていた（朝日新聞、二〇一六年一二月二一日）。このように語ることで上山は、東京五輪構想の本質を見抜いていたわけである。しかも、石原都知事時代から、都政を「部下に全部まかせ、議会ともなあなあで、トップが事業をチェックしない状態が続いてきた。「お金があるから、利害調整もあまり必要なかった」のだ。そしてついに、都は五輪招致に乗り出したのである。

他方、就任早々の小池都知事は、ここで東京五輪のあり方の抜本的な見直しを提起することは、二代にわたってスキャンダルで知事を辞職した猪瀬直樹や舛添要一と自分の立ち位置の違いを明確にすることだと見抜いていた。開催権獲得から三年を経て、後述する新国立競技場やエンブレムの問題が噴出するなかで、東京五輪にはかなりのケチがついていた。しかも、「復興五輪」は招致の際に都合よく使われただけで、その後は競技の予選や聖火リレーの被災地縦断、出場チームの事前キャンプなど、いずれも弥縫的な措置が提案されるにとどまっていた。ここで再び東京五輪が「復興五輪」であることを衝くことは、状況に対する重要な問題提起となりうるはずだった。

そこで小池は、五輪ボート・カヌー会場の長沼への変更案をぶち上げた一〇月、「招致活動で国内外に喧伝された復興五輪が、いつの間にか忘れ去られたことを残念に思っていた」と、もっともな指摘をするところから自説を展開した。しかも彼女は、この発言に続き「コスト削減のために、都が負担する施設を都外にばらまくのではない。国内の皆が納得し、将来有効活用でき、ランニングコストで大赤字を出さないためにどうするか。同時に感動を日本中で分け合えるようなシステムも。安ければいいと思っていない」と、東京都が重荷だから外に出すのではないとの予防線も張っていた。さらに、長沼の地理的な遠さを指摘する意見に対しても、「長沼は東京から遠いと言われるが東京が基準だから遠い」のだと見事な打ち返しをしていた（河北新報、二〇一六年一〇月二八日）。これらはいずれも、東北の人々の心を一気につかむ強力な小池節といえた。

東京都の提案を受け、猛烈なスピードで動いたのが村井喜浩宮城県知事である。村井は、「東日本大震災の被災地を元気にする明るい話題だ。ぜひ実現させたい」と提案を歓迎し、全力で県内諸団体の調整を進めた。そして、東京都の提案からわずか二週間後、長沼を五輪ボート・カヌー会場とする場合には、最低限の恒久施設整備を震災復興基金や起債、県民の寄付を財源に県が実施すること、仮設施設整備を大会組織委員会に負担してもらうこと、東日本大震災の仮設住宅を改築した選手村を整備し、その五輪後の維持管理は登米市が担うこと、五輪後、インターハイの固定開催を誘致することなどを提案した。宮城県はぎりぎりまで負担をするのでぜひ長沼に来てもらいたいとのアピールである。

東北の人々の間でも、「復興と五輪は別物」で、「復興には手間もお金もかかる。県内で競技をやると、復興が遅れてしまう」と心配する声もあったが、「復興五輪と言うなら、福島、宮城、岩手で1種目ずつでも会場にすべきだ。長沼が会場になれば、これこそ復興五輪」と変更案を歓迎する声も広がった（朝日新聞、二〇一六年一〇月一九日）。

長沼会場案に立ちはだかる壁

しかし、東京都と宮城県が歩調を揃えても、長沼会場案にはすぐさま数々の障壁が立ちはだかることになった。まず、この案にボート競技団体が納得しなかった。彼らは、長沼は遠く、東京会場から引き離されてしまえばボート競技は世界選手権と変わらなくなってしまう。つまり、長沼では「五輪とは言えない」と抵抗した（河北新報、二〇一六年一〇月一五日）。組織委員会の森喜朗会長も、長沼案では「国際オリンピック委員会の決定をひっくり返すのは極めて難しいだろう」と消極的だった（河北新報、二〇一六年九月三〇日）。そして何よりも、IOC会長のトーマス・バッハが、「開催都市として選ばれた後に競争のルールを変えないこと」が信頼感の基本だと会場変更に反発した（読売新聞、二〇一六年一一月二日）。IOCからすれば、「復興五輪」はあくまで開催地決定のときに関心を集めたテーマで、二〇一六年の時点ではもうそこへの関心は薄れていた。日本国内の事情よりも海外のスポーツ関係者の世論を重視する立場から言えば、東京都の提案はまったく歓迎できるものではなかったのだ。

このようにIOCのバッハは、原則論を強調して東京都の動きにブレーキをかけたが、しかしすでに自転車の一部種目は静岡県伊豆市で実施されることが決まっており、埼玉、千葉、神奈川で開催される競技も出てきていたから、「コンパクト開催」の前提は崩れていた。そしてやがて、IOC自らが、東京都の頭越しでマラソンと競歩の会場を札幌に移すことを決めてしまうわけだから、このバッハの原則論は詭弁だった。要するにIOCは、「復興五輪」が何たるかなど歯牙にもかけていなかったのである。

結局、東京都と宮城県が進めようとした長沼会場案は早々と挫折する。小池都知事はぎりぎりのところで反対する諸勢力と妥協し、ボート・カヌー会場については東京湾岸案と宮城県長沼案の両案を残してIOCと国、都、組織委員会の四者協議に提案した。これでは移転は実現しない。宮城県側は、小池知事が「『私は長沼がいい』と言うと思ったが、言わなかった」と振り返る（朝日新聞、二〇一六年一一月三〇日）。そのため、村井宮城県知事は小池都知事にはしごを外された恰好になった。村井自身はネガティブな発言をしていないが、県民には小池知事に「振り回された」との恨み節が残った。登米市内の自治会長の男性は、小池都知事が「諦めてしまった」と呟き、「世界から多くの人が来て被災地の復興につながると望みを持っていた。心に穴が開いた感じだ」とうなだれた（河北新報、同年一一月三〇日)。

他方、ある宮城県議は、この騒動は「小池知事の単なるパフォーマンスだった。裏付けがないままの発言だったら、被災地への配慮に欠ける」と批判した(河北新報、二〇一六年一一月三〇日)。さらに一部では、提案は「経費削減に努めているように見せる」ポーズで、小池は本気で長沼への会場変更を実現する気はなかったのではないかとの疑いも渦巻いた(同前)。しかし逆に都幹部は、騒いだことでコスト削減が実現すれば、都民には「一定の支持は得られるだろう」と冷静に観察してもいた。さらに政府筋は、「IOC側との決定的な対立をギリギリで避け、会場案を決め打ちすることで結果責任が生じるリスクも減らした。鋭い嗅覚だ」と評価していた(読売新聞、同年一一月二日)。

ただし、ここで誤解がないように説明しておけば、ボート・カヌー会場の候補地となった宮城県登米市長沼は、東北三陸沿岸の被災地ではない。宮城県と岩手県の県境近くの山間部で、むしろ被災地の人々の避難先となり、その後も彼らの心の傷を癒す場所としてメディアのなかでも表象されていくことになる場所だった。何よりもここは、オリンピック会場騒ぎが去って数年後、気仙沼とともに二〇二一年のNHKの朝の連続テレビ小説「おかえりモネ」の舞台となっていく。ボート・カヌー会場候補地のすぐ裏には森林公園が広がっており、そこに気仙沼の震災で心に傷を負った主人公が移り住み、心を癒されていくストーリーである。五輪会場候補地となったことと、実際に「朝ドラ」の舞台となったことの間の因果関係は不明だが、この地域の観光振興という観点からは、オリンピックの会場となるよりも、「朝ドラ」の舞台となるほうがよかったのかもしれない。

言葉の目も眩む軽薄さのなかで

いずれにせよ、長沼ボート・カヌー会場構想が挫折したことで、「復興五輪」は単なるポーズで、日本政府も大会組織委員会もＩＯＣもこの理念を本気で追求する気などないことがはっきりした。二〇一六年末以降、東北の人々は、東京五輪によって「復興が置き去りにされる」という意識を強く抱くようになる。二〇一六年一二月、河北新報が宮城県の一八〜二〇歳のモニターを対象に行った調査では、三九・三％の回答者が五輪によって「震災からの復興が「置き去りにされる」」と答えていた（河北新報、二〇一六年一二月八日）。また、翌一七年三月に同紙が岩手、宮城、福島三県の四二市町村長に行ったアンケートでは、五四・八％の首長が、東京五輪が「被災地の復興に役立つか何とも言えない」と答えた。「復興五輪の理念は明確だと思うか」という問いにも、七割以上が「何とも言えない」と答えた。後者については、これに「明確でない」の回答も加えると、否定的な回答は全体の九割以上を占めた（河北新報、二〇一七年三月一日）。

そしてダメ押しのように、五輪開催予定を一年後に控えた二〇一九年、「復興五輪」をめぐりマスコミで最も騒がれたのは、桜田義孝五輪相の度重なる失言だった。同五輪相は、国会答弁で三回も「石巻市」を「いしまきし」と言い間違え、自民党議員の応援パーティの挨拶で、その議員が「復興以上に大事」と発言して顰蹙《ひんしゅく》を買い、辞任に追い込まれた。

ここまでくると、失言もレベルが低すぎて論評に値しない。本人の能力に問題がありそうだが、そうした適格性が疑わしい人物を担当相にしたのは、安倍政権がいかに五輪相のポストを軽んじていたかの証左でもある。被災地自治体の知事からは、「政権が復興に背を向けている」との批判が噴出した（河北新報、二〇一九年四月一二日）。

二〇二〇年東京五輪は、最初の誘致構想にしても、「復興五輪」の理念にしても、何ら必然性や内実についての議論がなされないまま、石原慎太郎や森喜朗ら保守系政治家たちによって画策され、方向づけられてきた。すべてで過去の東京五輪の「栄光」に固執し、開催実現のために様々なスローガンをその場しのぎで打ち出してきた。そのスローガンの中核に据えられた「復興五輪」に対し、震災被災地の人々は最後まで疑問を抱き続けた。そして実際、被災県を本格的な五輪会場とする提案が登場すると、IOCも日本政府もむしろこれを潰すほうに動いた。五輪開催が近づくなか、宮城県では「しらけムード」との指摘もあったが（河北新報、二〇一九年二月一九日）、一連の経緯を考えれば当然だった。

それにもかかわらず、新型コロナ感染症が拡大する直前の二〇二〇年一月二〇日に国会で行われた安倍首相の施政方針演説では、「復興五輪」の達成が何度も自賛された。曰く、「かつて原発事故対応の拠点となったその場所は、今、我が国最大のサッカーの聖地に生まれ変わり、子どもたちの笑顔であふれています」「浪江町では、世界最大級の、再生エネルギーによる水素製造施設が、本格稼働します。オリンピックでは、このクリーンな水素を燃料とする自動車が、大会関係者の足となります」「心温まる支援のおかげで力強く復興しつつある被災地の姿を、その目で見て、そして、実感していただきたい。まさに『復興五輪』であります」云々。——明らかに、この言葉の目も眩む軽薄さこそが、アベノミクスに踊った二〇一〇年代の日本、その日本を生きた私たち自身の自画像であった。

4　ザハ・ハディドの巨大な神殿

立ち消えた晴海メーンスタジアム案

二〇二〇年の東京五輪計画は、これに新型コロナ感染症が襲いかかる以前から、すでに二つの深刻な問題点を抱え込んでいた。一方は、東京のさらなるインフラ充実は、長期的に東北をますます従属的な位置に追いやることが明白なのに、それに「復興五輪」と銘打って開催権を獲得していったことの欺瞞である。他方は、もともと東京都が湾岸開発の起爆剤にしようとする開発主義的な狙いをもって構想したにもかかわらず、様々な経緯からそのメーンスタジアムが一九六四年五輪と同じ神宮外苑の国立競技場となってしまったことが内包する深刻な矛盾だった。以下、この後者について経緯を検証しておこう。

前章で示したように、東京五輪のメーンスタジアムは、もともと一〇万人収容規模で東京湾岸の晴海に建設されるはずだった。この方針は、五輪開催を湾岸開発の起爆剤とした い都の思惑に適合していた。晴海に巨大なスタジアムを建設して五輪の主舞台とし、その周囲に交通網を整備し、新しい都心地区として開発していくことで、ウォーターフロントを二一世紀東京のクリエイティブシティとしていこうとのビジョンがそこにはあった。

ところがこの構想は、招致を目指す五輪が二〇一六年から二〇年に変化するなかで妙な方向へと変転していく。その動きが生じ始めるのは一一年のことで、東京都が二〇年の五輪招致に「復興五輪」を掲げて再挑戦する表明をしたのと並行して、文部科学省は一九年に開催されるラグビーワールドカップに合わせて国立競技場を八万人収容が可能なものに大規模改修しようと動き始めていた。この改修には一〇〇〇億円規模の予算がかかるとされ、これは文科省のスポーツ関連予算全体の四倍以上だった。これだけの動きを推進できる人物といえば、おそらく森喜朗以外にはいなかっただろう。当時、日本体育協会会長をしていた森は、石原に二〇二〇年東京五輪招致に再挑戦するよう勧め、さらに五輪の主舞台を再び神宮外苑にしようとした可能性がある。

そして、その森とも関係が深いスポーツ諸団体では、最初から晴海での巨大スタジアム新設よりも、神宮外苑の国立競技場建て替えに期待が大きかった。彼らは、「晴海は三方を海に囲まれているため、安全確保や動線の問題、過去の五輪遺産を生かすという観点」からも神宮のほうがオリンピックには相応《ふさわ》しいと主張していた。しかしこれは表の話で、神宮外苑には日本スポーツ振興センターが所有する秩父宮ラグビー場などがあり、一帯の再開発が国によって進められることを期待していたかもしれない。彼らは二〇一六年五輪への立候補では東京都の意向に従ったが、仕切り直しとなった二〇二〇年五輪への挑戦では、むしろレガシーのいっぱいに詰まった神宮外苑を前に押し出していく。

そして、IOCの側も、湾岸の立地条件に難色を示していた。結局、二〇一二年二月の五輪招致への申請ファイルには、神宮外苑の国立競技場の大規模改修計画が書き込まれていったのである。だがこれは、石原都知事自身が数年前、「無理です。敷地からいっても、IOCが絶対必要事項として検討している規模のものは、いまの国立競技場には建ちません」と明快に否定していたプランそのものではなかったか――。

東京都からすれば、神宮外苑の国立競技場の大改修を国が引き受けてくれれば、スタジアム建設で都側の懐を痛めなくてもよくなるから、「どうぞご自由に」とのスタンスだったかもしれない。実際、石原は、数年前の自分の発言を軽々と覆し、国立競技場について「あんなぼろぼろなの建て直しが必要なんだよ。東京の負担が減るからありがたい。本来は国がやること」と、吐き捨てるように語った（東京新聞、二〇一一年九月一七日）。

だから二〇一三年、五輪開催権を獲得した後、実際に国立競技場の建て替え計画が進み、都政を石原知事から継承した猪瀬直樹知事が、下村博文《はくぶん》文科大臣の要請を受けてその一部費用を都から支出する方針を示すと、都議会は「寝耳に水」「話が違う」と猛反発したのである。しかし、東京都のもともとの五輪構想からすれば、リスクを負ってでも自らの湾岸スタジアムを実現するのが筋だったのではないか。東京湾岸にメーンスタジアムを建てるのなら、ザハ・ハディドのデザインはもっと歓迎されただろう。しかし、異なる思惑の諸団体が下工作を重ねるなかで、新国立競技場では都市計画的観点よりも財政負担軽減の観点が前面に出ることとなり、これが問題を解決不能にしていったのだ。

新国立競技場案、紛糾の末の白紙撤回

ハディド設計の新国立競技場案をめぐる問題が紛糾するのは舛添知事の時代である。神宮外苑の狭い敷地に巨大な構築物を建てることが、周囲の環境を大きく破壊すると市民団体や槇文彦ら建築家から痛烈に批判されただけでなく、総工費二五二〇億円、二〇〇四年のアテネの七倍、〇八年の北京や一二年のロンドンと比べても莫大な費用のかかる点が問題となった。しかも、後付けの巨大屋根や椅子の常設化、毎年の維持費により、重い負の遺産を国や都が背負い込むことになると危惧された。世論調査では、八割以上の国民が計画を見直すべきと答えた。建設反対や疑問の声は、マラソンの有森裕子、ラグビーの平尾剛から大阪市長の橋下徹まで立場の違いを超え、橋下は「お金がない家庭がフェラーリ買うと言ったら、「アホか」と言われる」と快気炎を上げた（産経新聞、二〇一五年七月一〇日）。

この一連の混迷では、五輪を推進する意思決定主体の複雑さが露呈していった。日本オリンピック委員会（JOC）、日本スポーツ振興センター（JSC）、大会組織委員会、東京都と、すべて別組織である。JOCは国際オリンピック委員会（IOC）の日本窓口、JSCはスポーツ振興くじ等を扱う文科省所管法人、大会組織委員会には国と都、民間から寄せ集めた数百人が所属する。新国立競技場問題ではJSCの問題処理能力の欠如が露呈した。タテ割りの組織が責任の所在を曖昧にし、危機対応能力を低下させていた。

一連の経緯で最も問題だったのは、東京湾岸のスタジアム構想が、曖昧な仕方で神宮外苑の国立競技場改修案に変化し、さらにそれが「改修」から「建て替え」に変化した経緯だった。二〇〇七年の時点では、都はＪＯＣ関連団体の意向を退け、晴海に大規模なスタジアムを建設するつもりでいた。ところが一一年六月の再挑戦ではこの点が変化、同年八月には、「東京都が２０２０年の五輪招致を正式表明する中、老朽化が進む国立競技場に大規模改修の動きがある。19年に日本で開催されるラグビー・ワールドカップに合わせて収容8万人規模のメーン会場を目指すもので、実現すれば東京五輪のメーン会場確保という課題解消につながる可能性もある」と報道されていた（産経新聞、二〇一一年八月四日）。

そして九月に入ると、これに対応する報道が並び、一方では、二〇年の東京五輪では、「メーンスタジアムは約1千億円をかけて（晴海に）新設する前回の計画を見直し、１９６4年東京五輪の主会場だった国立競技場の改修で対応する方向」と伝えられた（朝日新聞、二〇一一年九月四日社説）。同じ頃に別の報道では、「文部科学省は国立競技場の建て替えに向け、来年度予算の概算要求に調査費を盛り込む考え。収容人数が現在の五万四千人から八万人規模に増強されれば、五輪での使用が可能となる」とされていた（東京新聞、同年九月二九日）。つまり、石原都知事が五輪への再挑戦を表明してから数カ月後、メーンスタジアムとなる国立競技場をめぐり、「改修」と「建て替え」の様々な報道が渦巻いており、相互の関連はあえて曖昧にされていたようにも見えるのだ。

この曖昧さには理由があった。晴海案を押していた頃に石原が明言したように、国立競技場は都の風致地区にあるため、既存ルールの枠内では大規模な増築は不可能だった。ところが国と都はここで禁じ手を使う。再び五輪会場となることが予定された神宮外苑地区の六四・三ヘクタールについて、「建物の高さ制限や容積率を緩和し、うち五〇・四ヘクタールを再開発しやすくする。緑の多い風致地区のため、現在の高さ制限は十五メートル以下。収容人数を増やすために大型化する新競技場を中心に、一三ヘクタールで高さ制限を七十五メートルに緩める」ことにした（東京新聞、二〇一三年二月四日）。

つまり、神宮外苑ではＩＯＣが要求する五輪スタジアムの要件を満たさないという問題を解決するために、その制約だったそもそもの条件を変えてしまったのである。ルールに合わせて施設の最適地を探すのではなく、都合のよいところに大規模予算を投下するために、そもそものルールを変えてしまったのだ。

だが、いくらルールを恣意的に変更しても、その土地の物理的な広がりが変化するわけではない。無理なものは無理なのであって、都合に合わせてルールを変え、輝かしき東京五輪のイメージに合う新しいスタジアムを建てようとすれば、とりわけそれを東京湾岸で構想していた頃と同じような発想で追求していけば、おのずとデザインに無理が生じる。

その無理は制度的というよりも環境的な条件に関わるものだから誰の目にも明白となる。しかも「改修」だったはずが、いつの間にか「建て替え」となれば、かかる費用は莫大で、その建設にかかる以上の収益が見込めるのでなければ批判を浴びる。

神宮外苑は、戦前までの緑地がすでに占領期からかなり乱開発されてきており、もしもここに手を加えるのなら、本来は戦前の姿を回復させる方向が望ましかった。しかし、それには既存施設の移転先が必要だったはずで、湾岸の競技場建設を神宮外苑の施設の移転先とし、外苑を緑地化していく発想は、本来はあってもよかったはずである。単純に湾岸に建てようとした大スタジアムを神宮外苑に持ってくるのは、これとは真逆の方向である。その真逆を追求した新国立競技場問題が紛糾していくのは事の必然であった。

様々な反対の声が渦巻くなかで、当初、政府は「国際公約」を理由に建設計画を押し通す構えを続けていた。しかし、二〇一五年七月、安保関連法案の強行採決に対する国民の強い反発で窮地に追い込まれた安倍政権は、安保に比べれば優先度の低いこの競技場問題では反対世論と妥協する腹を固め、新国立競技場プランの白紙撤回を決定した。数年間の悶着の末、新国立競技場構想は振り出しに戻ったのである。

しかし、そもそも二一世紀初頭の日本で二度目の東京五輪を「復興五輪」と銘打ってすることも、しかもその五輪のスタジアムを湾岸のフロンティアではなく、かつての東京五輪の開会式をやったのと同じ会場を建て替える方針も、一九六四年五輪の自己肯定的な「神話」を引きずり、そこから根本的な思考の転換をできない権力者たちが、自分たちの周囲にすり寄る諸団体や企業の意向を斟酌《しんしゃく》して影響を及ぼしていった結果だったのではないか。この問題では、ザハ・ハディドのデザインに多くの批判が集中したが、そもそもなぜ神宮外苑でなければいけなかったのか、「神宮の森」一帯の都心部にどのような緑地を形成していくのかといった未来構想はほとんど議論されなかった。

5　エンブレムという新たな躓き

エンブレムはスポンサー企業のための商標

東京五輪開催までの全過程を振り返ると、主催者側の躓きの多くが同じパターンを辿っていることに気づく。その発端は、いずれも一九六四年五輪以来の様々なしがらみを引きずった諸組織が、新しい状況でも過去の成功体験の再来にこだわり続けるところから発生する。たとえば、この五輪を湾岸再開発に利用するためなら、メーンスタジアムは湾岸にこそ建てるべきであったが、神宮外苑のスポーツ施設の建て替えに五輪が使われる形になった。その結果、周囲の環境との大きな問題が出来する。また、「復興五輪」を被災地にも実感できるものとするには、決勝まで含めた会場を東北にも置くべきであったが、ＩＯＣや東京会場にこだわる諸組織の意向からその方向は早々と頓挫した。

問題発生後の対応でも、主催者側はリスク管理の観点から対応するので、問題点を市民やメディアと共有できず、その閉鎖性が問題をさらに拡大させ、結局、大きくなった声に抗しきれずに原案を取り下げる。主催者側は、インターネットが浸透し、市民間で情報が劇的なスピードで伝わり、各自が発信する社会についての理解を決定的に欠いていた。

このような主催者側の態勢と五輪を取り巻く今日的状況のズレをはっきり露呈させたのが、大会エンブレムをめぐる騒動だった。もともと「復興五輪」を前面に掲げた招聘段階では、公募で採用された大学四年生による五色の桜の花輪のエンブレムが使われていた。プロの評価はともかく、花輪は震災からの復興の願いをはっきり示したものだった。

本気で日本が「復興五輪」を貫く気なら、あえてプロのデザイナーではなく、その招致エンブレムを使い続け、一人の若者の「復興」の願いを世界に発信することを追求すべきだった。だが、こうした可能性を大会組織委員会が検討した形跡はない。組織委員会の立場に立つなら、招致エンブレムは無償利用されることになっており、スポンサー限定の有償利用は禁止されていたというのが言い訳である（朝日新聞、二〇一五年九月三日夕刊）。逆にいえば、エンブレムとは要するに、オリンピックの競技者や観客のためのものでも、震災被災地のためのものでもなく、スポンサー企業のための特権的商標だったのだ。

　このスポンサー企業のための商標に一市民のデザインが採用されることを、プロのデザイン業界は決して許容しなかった。彼らはかつての亀倉雄策による輝かしい伝統からして、デザイン的に世界に恥ずかしくない作品こそがエンブレムだと考えていた。「復興」への一市民の願いよりも、海外から見たときの表現の洗練度が重視されたのである。

　こうして二〇一五年七月二四日、大会組織委員会は、公式エンブレムのデザインを、グラフィックデザイン界で次世代の旗手と目されていた佐野研二郎の作品に決定した。佐野

上：2020年東京五輪招致エンブレム　下：佐野研二郎デザインの公式エンブレム案

の作品は、かつて亀倉が正面に掲げた赤い丸を取り込みつつ、「和」を意識して正面に黒の柱を際立たせ、東京五輪へのデザイン界の期待を上手にまとめ上げていた。

しかしその一方で、このデザインにははっきりしたメッセージ性が決定的に欠落していた。半世紀前、シンプルさのなかに「力強さ」を表現した亀倉雄策のデザインは歴史に残る名作となった。これに対し佐野作品は、諸要素を器用に編集したソフィスティケートされた表現でありながら、亀倉作品へのオマージュを超えてはいなかった。本当は、ここで必要だったのは、亀倉的な「力強さ」を否定し、かつての成功モデルの二番煎じではない、価値軸の根本的な転換をデザイン的にも表現していくことだったはずだ。

そして、発表からわずか一週間もしないうちに、佐野のデザインには剽窃があるのではないかとの疑義が国内外から巻き起こる。最初に盗作の訴えをしたのは、ベルギー東部のリエージュの劇場である。彼らは公式エンブレム発表から五日後、エンブレムは同劇場が二〇一三年から使っているロゴマークに酷似しているとの訴えを起こした。しかしこの段階では、組織委員会は、すでに「世界中の商標を調査し、問題ないと確認している」と説明し、佐野自身も劇場側の主張は「全くの事実無根」と相手にしなかった。主催者側は、訴えは不当で容易に退けることができると自信を持っていたのである。

ネットユーザーが業界プロを引きずり下ろす

ところが、佐野作品への疑念がネットに広がるなかで状況が変化する。リエージュの劇場による訴えが報道された七月末頃から、「インターネット上では、佐野氏が過去に手がけた数々のデザインが検索され、「類似」を指摘する声が次々と上がった」（読売新聞、二〇一五年九月二日）。こうした動きが一瞬で広がるようになった背景には、この数年で画像検索技術が急速に進歩し、ネット上の検索サイトに画像データを入力さえすれば、「類似の画像」が瞬時に抽出されるようになっていたことがあった。無数のネットユーザーが、面白半分で佐野による過去のデザインのあら捜しを始めたのである。

そうすると、次々に疑わしい事例が浮かび上がることとなった。なかでも盗用の疑いが濃厚だったサントリーのトートバッグは発送中止となり、名古屋市の東山動物園のマークでも盗作の疑惑が深まった。これらの発見は、さらにネットユーザーたちを勢いづかせる。そして疑惑を晴らすために八月二八日、組織委員会が選考過程の資料を公開すると、その資料にもユーザーたちが様々な検索をかけ、佐野がエンブレムの活用例として組織委員会に提出した画像が他人のブログ等からの無断借用であったことが明らかになる。このようなネット社会の特性を、組織委員会はまるで理解していなかった。

そうして結局、ネットを中心に渦巻く批判の声に押され、同年九月一日、佐野が制作した東京五輪・パラリンピックのエンブレムは白紙撤回されることとなった。すったもんだの末に白紙撤回という結末は、新国立競技場をめぐる混乱の結末と同じである。佐野も大会組織委員会も、エンブレムそのものについての剽窃を認めたわけではまったくない。多くの法律家も佐野のデザイン自体では著作権侵害を認めていなかった。それにもかかわらず、ネットからの非難の声に彼らは抗しきれなくなっていったのである。

メディア上での非難が深刻化するなかで、組織委員会は佐野を呼び出し、エンブレム審査委員代表の永井一正からは「ここまで問題となると、一般国民が納得しない」と説諭がなされたという（読売新聞、二〇一五年九月二日）。佐野自身も、デザインが盗作ではないことを強く主張しつつも、「毎日、誹謗中傷のメールが送られ」「家族や無関係の親族の写真もネット上にさらされる」ことに耐えられなくなり（佐野氏発表コメント、二〇一五年九月一日）、自作の撤回を申し出た。つまり、ここには「問題がありそうな人」を「みんなで」バッシングして憂さを晴らす暗澹たる日本社会の今が顔をのぞかせていた。

二〇一五年のエンブレム問題は、この五輪がいかなる情報環境のなかで催されようとしているのか、そのことがその後の五輪にどんなリスクを生じさせるかを如実に示していた。たとえば、大会組織委員会がエンブレムの原案や関連する説明資料を記者会見で公開した直後、ネットで何が起きたかについて朝日新聞は以下のように報道していた。

（会見終了から約三時間後）ネット上に1通の書き込みがなされた。「展開例の写真も盗作だった？」。公表された使用イメージのうち、空港施設の画像は、外国人女性が東京・羽田空港を撮影してブログに掲載した写真を無断転用したのではないか、との指摘だ。「うわぁ……」「これはひどい」。書き込みはブログやツイッターで広がり、さらに原案のデザインが2年前に東京で開かれた展覧会のポスターに似ているとの指摘も続いた。（朝日新聞、二〇一五年九月二日）

こうして瞬く間に、「佐野氏の疑惑を指摘するツイートのリツイートの数は、万単位に達した」という。この圧倒的な情報拡散力とネットユーザーたちの情報検索への熱狂が、すでに東京五輪を取り囲んでいたのである。報道によれば、剽窃疑惑が生じた当初、大会組織委員会は「イメージは悪くなってきていたが、時間がたてば収束する」と読んでいたという（読売新聞、同年九月二日）。たしかにかつてのマスメディア社会ならば、彼らの読みの通りだったかもしれない。しかし、ネット社会はそうした旧時代の常識を、すでに根本から覆していた。実は、ネット環境の爆発的な普及は一九九〇年代末から生じており、それが二〇〇五年の愛知万博でも大きな影響を及ぼしていた（吉見俊哉『万博幻想』ちくま新書、二〇〇五年)。二〇一〇年代、これにさらに検索技術の革新が加わることで、ネットは五輪をすら瞬時に揺るがす力を帯びていたのだ。そのことの重大さに対する組織委員会の鈍感さは、やがて二〇二一年夏、本番の開会式直前にも再び露呈される。

第3章

コロナ来襲
「呪われた五輪」の迷走

有賀ゆうアニース／
稲葉あや香／加藤 聡

無観客の聖火リレー到着イベント会場
[大阪府吹田市・万博記念公園、2021年4月13日、写真提供：共同通信社]

1 コロナ報道のなかの「東京五輪」

新型コロナがもたらした二極化

二〇一九年一二月八日に中国の武漢市で発生したとされる肺炎の集団感染は、その後、新型コロナウイルス感染症（COVID－19）と定義された。当初は、東アジアの一地域で広まっていた感染症でしかなかった。しかし、この感染症問題が瞬く間に中国全体に広がり、日本国内では、二月にクルーズ船ダイヤモンド・プリンセス号の乗客に感染者が確認された。検査方法や乗客救助の様子は大々的にメディアで取り上げられたこともあり、新たなウイルスの脅威が急速に認知されていった。

ヨーロッパ大陸、アメリカ大陸へと世界規模で拡大していくのにも、そう時間はかからなかった。三月一一日に世界保健機関（WHO）が新型コロナウイルスを「パンデミック」であると宣言したことは、一つの転換点になった。直後、各国のオリンピック委員会や選手からの声明、アメリカ大統領ドナルド・トランプによる延期を推奨する発言、そして諸外国のメディアによる国際オリンピック委員会（IOC）や日本政府への批判の声が高まったことによって、IOCは東京五輪の一年程度の延期を発表せざるを得なかった。

国際規模の感染症として正式に発表があってから、わずか二週間後のことであった。

世界的に各種選考会が中止・延期の決定を余儀なくされ、それ以上に人々の健康被害が指数関数的に増大、経済活動やイベントの自粛などが積極的に推進されていくなかで、連日メディア報道は、日本政府、東京都、IOCといった東京五輪を運営する主催者側が、頑に中止・延期はないとする姿勢を映し出していた。

コロナ禍における東京五輪の報道は、人々を開催派と中止・延期派に二分した。しかしながら、同時にこの両者の報道プロセスは、東京五輪がもつ問題を浮かび上がらせるものだったのではないだろうか。

五輪神話・復興五輪言説を強調する報道とそれを期待する世論

新型コロナウイルス感染症が中国本土で猛威を振るっていた二〇一九年一二月から二〇二〇年一月の間、五輪開催国である日本では、新型コロナウイルスと東京五輪の関係はどのように捉えられていたのか。

読売新聞が二〇二〇年一月二一日から二月二七日に実施した世論調査を見ると、質問は東京五輪・パラリンピックへの関心の高さ、また開催されることによる効果などを問うに留まるものであった。新型コロナウイルスに関する項目は設置されていなかったため、当然、東京五輪の開催を中止・延期するかどうかの是非も問われてはいなかった（二〇二〇年三月二二日）。また、朝日新聞が一月二五、二六日に行った全国世論調査でも、東京五輪の開催に関する質問項目は置かれず、「桜を見る会」の一連の問題、統合型リゾートを巡る汚職の疑い、衆議院の解散・総選挙の時期といった政治的な問題に焦点が当てられていた（同年一月二八日）。これらの質問項目の設定から、新型コロナウイルスと五輪の関係を読み取ることは難しい。しかし、そのことがかえって一月の段階では、両者は別の問題として扱われていたことを表している。

ここではむしろ、五輪開催まで半年という時期であったことに注目したい。先の読売新聞の世論調査において、東京五輪の開催への関心を問う質問があり、「大いに関心がある」「多少は関心がある」と答えた人が、合わせて八一％であった。そのため、国民が五輪開催に期待を寄せていることを反映し、その熱狂を盛り上げるために、日本国内では五輪に関する報道や特集が積極的に組まれていた。

毎日新聞は二〇一九～二〇年の年末年始に「ＴＯＫＹＯスイッチ」という東京五輪・パラリンピックを巡る連載記事を掲載した。同様に、朝日新聞や東京新聞、産経新聞は「ＴＯＫＹＯ２０２０」というコーナーを設けて、継続的に五輪に関する情報を発信し続けていた。そこで報道されていたのは、一九六四年の五輪に象徴される輝かしい成長であり、それが再来することへの期待であった。「日本の歴史に新たな一ページが刻まれることになるだろう」と主張し、「成熟した共生社会」を目指すべきだとの声もあれば（読売新聞、二〇二〇年一月一四日社説）、「1964（昭和39）年東京五輪が示したように、聖火には人々の心を一つに集め、消えることのない記憶を次世代につなぐ力がある」（産経新聞、同年一月一日）という言葉が紙面を飾っていたのである。

このような五輪プロモーションの言説は、一月二〇日の安倍首相による施政方針演説によって一層強化されていく。安倍首相は、演説冒頭から六四年東京五輪の聖火ランナーの話を持ちだし、その後の高度成長へ向かった日本の姿を伝えた。そして、五輪が再び日本で開催されることについて、「令和の新しい時代が始まり」「世界の真ん中で輝く日本、希望にあふれ誇りある日本を創り上げる」と宣言したのである。

当時の政権には、日本人が夢見てきた「五輪神話」の再来を首相自らが国会の場で語ることによって、一丸となって五輪開催に突き進む雰囲気を演出する意図があったと思われる。実際に、この演説の全文を掲載した日本経済新聞は、一月二四日に「安全な五輪へ準備を盤石に」と題した社説を掲載し、「持続可能な五輪」を示すべきであると意見を表明することで、五輪による経済成長の言説を後押ししていた。

「復興五輪」という言葉も、施政方針演説のなかで再浮上した。安倍首相の発言に基づくならば、復興する街並みを東京五輪を通じて世界に見せるという曖昧なものであるにもかかわらず、復興五輪への期待は社会に浸透していた。その証左として、内閣府が二〇一九年一二月に行った「2020年東京オリンピック・パラリンピックに関する世論調査」がある。「あなたは、「復興オリンピック・パラリンピック」が、東日本大震災から復興しつつある被災地の姿を世界に伝えることに役立つと思いますか」という質問に、「そう思う」「どちらかと言えばそう思う」と答えた人は七五・六％にものぼり、多くの人が五輪と復興を結びつけていたことがわかる。

しかしながら、調査票には「【資料3】を提示して、調査対象者によく読んでもらってから、以下の質問を行う」とあり、その資料には、福島県から聖火リレーが始まること、「復興ありがとうホストタウン」と銘打って、震災当時から受けた支援の感謝を表明するために、支援国との交流を図っているということが書かれていた。政府は世論を誘導するような仕組みを調査票に埋め込み、東京五輪／復興五輪は何よりも社会全体に受け入れられたイベントであるということを演出していたのである。

五輪中止・延期報道と社会の実情の乖離《かいり》

ＪＯＣや政府、各新聞社は、東京五輪を盛り上げることに必死だった。しかし、この五輪開催への熱狂のなかで、冷や水を浴びせるように中止や延期という語りが突如として表れることになった。すなわち、「東京オリンピック中止」というキーワードがメディア上を駆け巡ったのは、二〇二〇年一月三〇日のことだ。ツイッターで東京五輪の中止に関連する投稿が五万件以上されたのである。ツイッターにはハッシュタグと呼ばれる投稿トピックの紐付け、さらにはリツイートという元の記事を容易に拡散させる機能が備わっていたことも、情報が一気に広まったことの一因と考えられる。その結果、ツイッターのランキングの上位に「東京オリンピック中止」という言葉が入ることになり、多くの人の目に触れることとなった（毎日新聞、二〇二〇年一月三一日）。

このきっかけとなったのは、日本のニュースサイト「ＢＵＺＺＡＰ！」が「東京オリンピック中止か、新型肺炎対策でＩＯＣとＷＨＯが協議」というタイトルの記事を公開したことであった。この記事はドイツのＤＰＡ通信の報道を受けて書かれたものであったが、当の記事には一切中止に関する言及はなく、あくまでもＩＯＣとＷＨＯが連絡を取り合い、新型コロナウイルスに対応する必要があることを訴えるものであった（ハフポスト、二〇二〇年一月三〇日）。憶測によってタイトルが付けられたと思われる記事が各種メディアに取り上げられ、その日のうちに一気に拡散されたのである。

こうして、この記事の内容が事実かどうかの判断抜きに、「東京オリンピック中止」という言葉が流布していくことになった。IOCとWHOが話し合いをしている状況は、新型コロナウイルス感染症がもたらす影響を認知するには十分であった。このことがきっかけで、世論の流れが五輪中止へと傾くことも容易に想像できたはずである。だからこそ、中止言説に対して、すぐさま小池百合子都知事や組織委員会は、そのような事実はないと否定した。しかし、この時期から報道の中心は、新型コロナウイルスの感染者数の増加とその対応に焦点が当てられるようになり、IOCや組織委員会といった開催主催者側が五輪の中止・延期について言及を避けることが難しい状況となっていた。

IOCが東京五輪の中止・延期にはじめて言及したのは、二〇二〇年二月一三日に開かれたIOCの調整委員会と大会組織委員会による事務折衝の場であった。IOCのジョン・コーツ調整委員長から、「予想外のこともある。新型コロナウイルスだ。組織委や政府、都の話を聞きたい」という発言があり、森喜朗会長は「東京大会の中止や延期は検討されていないと改めて申し上げたい」と、通常通りの日程で開催することを強調した（朝日新聞、二〇二〇年二月一四日）。しかし、海外報道に目を向けてみれば、二月二五日のAP通信に、IOCのパウンド委員が、三カ月後も感染が収束していなければ「おそらく中止を検討するだろう」と発言したとある（毎日新聞、二〇二〇年二月二八日）。

各新聞社の連日の報道は、東京五輪の中止や延期はないと主張する開催主体の発言を繰り返すものだったが、国内とは別の態度を見せるIOCの姿勢も伝えていった。このような曖昧な態度がメディアで報道されたことにより、世論が五輪の中止に傾くことを抑えるどころか、かえって「この状況で中止や延期を全く検討していないというのも危機管理上いかがかと思う」（朝日新聞、二〇二〇年二月二〇日）といった反発を招く。

こうした反発が生じた要因は、IOCや東京都といった開催主体の危機管理の問題だけではない。むしろ、東京五輪が通常通り開催されることが、世の中の流れと逆行すると人々の眼に映ったことも要因であった。新型コロナウイルスが最初に確認された中国・武漢では、感染拡大を抑えるために一月末から都市封鎖が行われており、人々の様子はメディアを通じて目にできた。中国本土の感染者数は二〇二〇年二月二七日までに累計七万人を超えており（朝日新聞、二〇二〇年二月二七日）、世界的に見ると三月一日には六四の国と地域で感染者が確認されていた。

日本国内でも、新型コロナウイルスの感染拡大を抑えるために政府は躍起になっており、様々な方面で対策が取られるようになった。イベントの縮小は主催者側の判断によって決定され、東京マラソンの一般ランナーの参加見送り、三月一五日までのJリーグの公式戦延期が発表された。各団体の判断でイベントの中止・延期の決定がなされるなか、安倍首相は二月二六日の新型コロナウイルス感染症対策本部で、今後二週間の全国的なスポーツや文化イベントの中止や延期、規模の縮小を要請した（日本経済新聞、二〇二〇年二月二六日夕刊）。さらに安倍首相は、全国すべての小中高校に対して三月二日からの臨時休校を要請することを発表したのである。この急展開の対応に、官僚からは「対策をやっているふりだけじゃないのか」という声が上がった（朝日新聞、同年二月二九日）。

ここで注目すべきは市民の声である。一部では政府の対応に賛成の声も上がっていたが、共働きする家庭からは「長時間、子どもだけを家に置いておく状態を政府は良しとするのか」、また求職中のシングルマザーからは「頼る実家がない母子家庭は死活問題では」という批判があった（朝日新聞、二〇二〇年二月二八日）。学校の臨時休校を受け、「なぜオリンピックはやって、学校はだめなのですか」という小学校六年生の声は、まさに人々が疑問に思っていたことの代弁であった（同紙、同年三月三日）。

このように、一方で東京五輪を開催することを繰り返し訴える開催者側の姿を映し出し、他方で新型コロナウイルスの感染を抑えるための各種イベントの自粛や中止を訴える政府の主張を伝えるメディア報道は、人々の五輪に対する感情を変化させていた。

二〇二〇年三月の上旬にＮＨＫが行った世論調査では、新型コロナウイルスに関する質問が多く設置され、政府の対応や日本経済への影響が問われるとともに、「東京五輪は予定通り開催できると思うか」という質問が設置された。この質問に対して、「開催できると思う」が三九・七%、「開催できないと思う」が四四・九%となった。また、同様の質問が三月七、八日に実施されたJNNの世論調査でも行われており、「開催すべきだ」と答えたのは四九%、「開催すべきだと思わない」が三一%、「答えない・わからない」が二〇%という結果であった。浮遊層が一定数あるものの、大きく世論が二分されていく様子が読み取れる。特に、これまでの世論調査で東京五輪への関心が高かったことを考慮するならば、開催に疑問を向ける層が増加したと考えてよいだろう。

「コロナに打ち勝つ五輪」への転換

ここまで見てきたように、東京五輪の開催を巡って東京都やJOCは、頑に「中止や延期はない」「通常通りの開催」ということを繰り返し述べ、国内外の中止・延期の言説を火消しするような動きを取ってきた。しかしながら、日本国内では東京五輪の通常開催を推進するような報道が流れたとしても、IOCは海外に向けて中止や延期の可能性があることを伝えていたのである。そのようなIOCの相反する態度に加え、新型コロナウイルスの脅威が日常生活にまで及ぶようになった結果、五輪開催が難しいのではないかという声が各方面から上がるようになった。

二〇二〇年三月一一日、WHOが新型コロナウイルスを「パンデミック」であると宣言したことは、上記の流れを強化していくだけでなく、もはや五輪開催を日本とIOCの間だけで議論することが難しくなったことを表す出来事となった。一七日、IOCは「今は抜本的な決定をすべき時ではない」とするものの、その翌々日にバッハ会長は「もちろん異なるシナリオは複数検討している」「中止は議題にない」と述べたことによって、間接的に延期の可能性を伝えていた。五輪開催の決定権を有するIOCの曖昧な態度には、国内だけでなく諸外国からも批判の目が向けられることとなった。

東京五輪の延期の可能性について、組織委員会の理事である高橋治之が一～二年後に開催を延期したほうがよいという旨の発言をしたことの意味は大きい（朝日新聞、二〇二〇年二月一一日夕刊）。高橋は組織委員会のメンバーであるだけでなく、一九八四年のロサンゼルス大会から五輪に関わってきた人物である。高橋は、大会中止の可能性はないとして、その理由をIOCに放映権料が入らなくなることだと指摘しており、選手や市民の安全を考慮しての中止は二の次という印象が拭えない。朝日新聞の取材に対して、高橋はあくまでも個人的な見解だと示したものの、この一連の発言に対して、森喜朗は計画を変えることは考えていないと改めて強調していた（朝日新聞、同年三月一二日）。

だが、高橋の発言に対し、「一年延期　口滑ったと本音言い」という市民の川柳は、的を射たものであったのではないか（朝日新聞、二〇二〇年三月一三日）。実際、朝日新聞が一

四、一五日に行った全国世論調査では、東京五輪・パラリンピックについて、「予定通り開催する」が二三％、「中止する」が九％となっていたのに対し、「延期する」が六三％を占めた。同調査において、選抜高校野球などのスポーツイベントの中止や延期の対応についても「適切だ」と答えた人が七八％にも上ることから、多くの人が大規模イベントの自粛や延期に賛成だったことを示している（同年三月一七日）。

こうしたなか、東京五輪の方向転換が起こった。それは二〇二〇年三月一六日のG7首脳テレビ会議を終えた安倍首相が行った会見で発表された。「人類が新型コロナウイルスに打ち勝つ証しとして、東京オリンピック・パラリンピックを完全な形で実現することについて、G7の支持を得た」と語ったのである（朝日新聞、同年三月一八日）。開催の決定権はIOCにあるにもかかわらず、安倍首相が「G7の支持を得た」と語るのは、主導権があることを日本国内外にアピールするためであったと思われる。この発言を受けた報道は、「東京五輪を「人類が新型感染症に打ち勝つ証し」にすると、開催国が大目標を掲げたのだ」とし、完全な形での開会に向けた準備を訴えたのは、一種の政治的なパフォーマンスであることを示唆していた（産経新聞、二〇二〇年三月一八日）。

二〇二〇年三月に行われたNNNと読売新聞の世論調査やANNの世論調査の結果を見れば、新型コロナウイルスへの危機意識の高さやイベント自粛を継続する必要があるとの認識が共有されていたことがわかる。また、五輪を延期したほうがよいと考えている層が、NNNと読売新聞の調査では六九％、ANNの調査になると七四％に至ることからも、すでに人々の心は五輪の開催から離れていた。

この傾向は日本国内に限ったことではない。カナダやブラジル、スロベニアやオーストラリアなどの各国のオリンピック委員会も一年の延期を主張するようになっていた。アメリカのドナルド・トランプ大統領も東京五輪に言及する場面が見られ、「明らかに延期という選択肢があり、来年まで延期されるかもしれない」とメディアの前で語ったことは、この議論を加速させる要因となったであろう（朝日新聞、二〇二〇年三月二三日）。実際に、二二日に四週間を目処に結論を出すと語っていたバッハ会長であったが、多方面からの批判が相次ぎ、二四日の夜に一年程度の延期の決断を余儀なくされた。

延期決定への各紙の反応と世論の変化

こうした二転三転する五輪報道に際して、大手新聞社は延期決定後の三月二六日に社説で論を展開した。読売新聞社説では「五輪1年延期　開催実現へ手立てを尽くそう」という見出しのもと、「経済悪化を防ぐ目配りが必要だ」「感染抑止策に全力を」「選手のサポート万全に」「懸念される追加負担」といった文言で、五輪開催に向けてすべき準備が列挙された。そのなかで目を引くのは、安倍首相の任期について言及されたことである。（二年ではなく一年の延期ならば）「自身の自民党総裁任期中の開催が可能になった」という文言が挿入されることによって、東京五輪開催の政治性を伝えていた。また、産経新聞「主張（他紙の社説にあたる）」は、G7のテレビ会議後にバッハ会長が理事会を経ずに一年の決定を示唆したことに触れ、安倍首相のリーダーシップの高さを伝えた。

上記の政権寄りの論調とは異なり、日本経済新聞社説は、五輪がアスリート・ファーストではなく、ステークホルダーに配慮した「国や開催都市の威信がかかった巨大プロジェクトになっている」ということを論じた。延期に伴う施設やホテルの借り換え、さらには人件費の追加によって、三〇〇〇億円の経費が増えるという。その上で、そのような困難を乗り越え、「世界がウイルスとの闘いに勝利した象徴として」五輪開催を望むという、安倍首相の言葉に追従する趣旨を表明した。同様に毎日新聞社説も、運営面での費用と税金の問題を指摘し、政権のための遺産として東京五輪を開催するのではなく、「世界の人々から祝福される祭典にする」ことを目指すべきであると主張した。

ＩＯＣの四週間以内に結論を出すという報道を受け、三月二四日の朝日新聞社説は、ＩＯＣの二転三転する態度、また日本側のＩＯＣとの意思疎通が図れているのかと批判した。同社二六日の社説は、安倍首相のいう「安全で安心な大会」を開催することが前提であると前置きをし、今回の騒動によって「テレビ局やスポンサーの巨大資金に依存し、肥大化を続けて身動きがとれなくなっている五輪の姿が浮かび上がった」という厳しい論調であった。「五輪のあり方を根本から考え直す機会としなければならない」という提言は、他紙では見られなかった意見である。

各新聞社にはそれぞれの政治的な主張があるのは当然だが、なぜこのタイミングで持論を展開し始めたのだろうか。その要因として、各社が五輪スポンサーであったということが考えられる。日本経済新聞、毎日新聞、読売新聞、朝日新聞は、東京五輪のスポンサー枠のなかでも、Ｔｉｅｒ２にあたるオフィシャルパートナー、産経新聞がＴｉｅｒ３のオフィシャルサポーターであった（ここには北海道新聞も含まれる）。本来であれば、各スポンサーのランクごとに一業種一社が原則であったにもかかわらず、組織委員会とその代理店である電通によって、その原則が取り払われた。その結果、主要な新聞社が横並びという状況が生まれたのである。そのため、ここまで表立って五輪の開催に懐疑的な意見や、中止・延期についての議論を展開することはなかった。

しかしながら、一度ＩＯＣや政府、東京都が五輪を延期するということを発表すれば、自社の視点から延期決定の言説を後押しするのであった。興味深いのは、コロナ禍の対策と東京五輪の報道が並行して報道されたことによって、五輪がスポーツの祭典、アスリート・ファーストではなく、巨大な資本に支えられている営利主義的なイベントであるということが明らかにされたことである。そして、報道を通じて、この商業主義的な五輪の姿が一般市民の目に入っていったことは、人々の五輪に対する眼差しを変容させた。

このような状況下で、三月二六日から二八日にかけて共同通信社が実施した全国緊急電話世論調査の結果を見ると、新型コロナウイルスの感染拡大を受けて、五輪を一年程度延期したことについて「適切だ」との回答が七八・七％、中止すべきだったという判断は五・九％に留まった。同時期、二七日から二九日にＮＨＫが行った「オリンピック・パラリンピックに関する世論調査」を併せて確認してみるならば、延期について「大いに評価する」「ある程度評価する」と答えた人が九二・一％となる。

これらの世論調査から判断するに、東京五輪の延期決定は概ね世論の意向に沿うものであり、初めて世論と五輪の方向が一致することになった。だが、この延期決定に対する日本社会への影響について問われると、「プラスの影響のほうが大きい」という答えが一三・七％、「マイナスの影響のほうが大きい」という答えが三九・八％であったことから も、手放しで喜ぶべき延期だったわけではない。それは、先の各紙の社説が示したように、五輪開催に向けての課題が山積みであること、新型コロナウイルスの感染対策、またそれに伴う経済対策など先の見通せない不安からくるものであった。

ここまで、新型コロナウイルス感染症の対策報道と東京五輪の開催に関する報道を確認してきた。両者の相反する対応は、東京五輪の招致過程のゴタゴタも相俟って、国民の不満を増幅させることになった。五輪に対する世論は厳しさを増し、疑惑の目を向けられながら、開催までの一年の準備が進められていく。

2　置き去りにされる「復興五輪」

以上のように、延期決定に至るほどコロナ禍の影響が深刻化するなかで、東京五輪に誘致以来冠せられてきた「復興五輪」の理念はどのように推移していったのか。

復興五輪の理念が様々なアクターによって立案・活用されてきた経緯、それがどのような意味で「まやかし」であったのかについては、前章や前節にて詳しく論じた通りだ。今一度繰り返すと、「東北の復興を世界に向けて発信する」というその見せかけとは裏腹に、東京と東北ないし中央と地方の非対称的関係を温存し、被災地における生活の実態を忘却し、実質的な復興を阻害するような東京五輪のあり方を正当化する「お守り言葉」としてそれは使われてきたのである。そして生活再建に苦心する被災地住民は、復興五輪が提唱された当初からその有名無実ぶりを厳しく見抜いていたのであった。

それでは、コロナ禍の激化とそれに伴う延期決定という事態のもとで、復興五輪をめぐるメディアの語りはどのように変容していったのだろうか。この点を考察するにあたっては、コロナ禍以前の言説のあり方を確認しておく必要がある。

復興五輪をめぐる地域住民と行政の分断

二〇二〇年三月の延期決定直前の時期に復興五輪関連で特に強調されたイベントが、聖火リレーである。東京五輪では各都道府県の実行委員会にリレーのルート設計が一任され、一部委員会は復興五輪を打ち出す設計に取り組んだ。たとえば福島県が発表したプログラムでは、「復興に向けた「光」と厳しい現実が残る「影」」の両方を発信する機会として、福島第一原発事故の収束や廃炉の作業拠点となったスポーツ施設「Jヴィレッジ」を出発し、三日間で原発事故の被災地を含む二五市町村・計四九・七キロを縦断するルートが発案された（東京新聞、二〇二〇年二月二九日夕刊、福島民報、同年二月八日）。

またこのほかにも、東日本大震災で被災した岩手県陸前高田市の「奇跡の一本松」、熊本地震や北海道胆振《いぶり》東部地震、大火に見舞われた新潟県糸魚川市なども巡ることで「復興五輪」を印象づけることを各都道府県の企画者たちは目論んでいた（朝日新聞、二〇二〇年二月一八日夕刊）。二〇二〇年一月の安倍首相による施政方針演説でも復興五輪の言葉が再浮上したことはすでにふれたが、それに呼応するように各地の自治体や役人たちも理念を強調しようとしたのである。

こうした行政主導の復興五輪キャンペーンは、被災地でどう受け止められていたのか。かねてから住民の間に復興五輪への懐疑や不満が浸透していたことは前章で述べた通りだが、こうした感情はキャンペーンの最中でも存続していた。共同通信が二〇一九年一二月に岩手・宮城・福島被災三県の公営住宅に居住する被災者を対象に実施したアンケートの結果では、復興五輪には「期待しない」という回答が八五％を占めた（東京新聞、二〇二〇年二月二九日）。また河北新報社がマクロミル社と共同で二〇二〇年一月から二月にかけて実施した復興五輪の理念に関する調査でも、被災三県沿岸部の被災者において、理念が「明確ではない」という回答が約五七％、またそれが復興の「役に立たない」という回答が約四七％に上った（河北新報、同年三月一〇日）。

他方、同じ被災地でも行政側の意見に着目すると、住民たちとは異なる意見の傾向が見られた。産経新聞が岩手、宮城、福島の被災三県の計四二市町村長を対象に行ったアンケート調査では、復興五輪という理念を採用していることについて、「賛成」「どちらかといえば賛成」との回答が約九〇％に上った。その上で「復興している姿を発信することで、世界に対し感謝を伝える機会となる」（松本幸英・楢葉町長）、「関心が薄れていく中、風化防止と復興前進が全国に発信できる」（佐藤光樹・塩釜市長）などの声を紹介している（二〇二〇年三月一一日）。

たしかに同時期に同じ被災三県の市町村長を対象に行った調査では、復興五輪の理念が明確かという設問に対し「どちらともいえない」という回答が約六〇％を占めていたことからも、首長の多くは理念の曖昧さを認識していた（河北新報、二〇二〇年三月三日）。しかしそれでも、理念そのものにはほとんどの首長が肯定的であったのである。こうした理念の受け止め方があったからこそ、首長たちは復興五輪の理念を少しでも具体化するべく聖火リレーをはじめとする様々な五輪関連イベントに取り組んだといってもよい。

いずれにせよ、復興五輪の理念に積極的姿勢を示す自治体首長と、多くが理念に否定的・懐疑的な被災地住民との間には明らかな温度差があった。

復興五輪をめぐるメディア間の分断

復興五輪の理念をめぐる温度差は、聖火リレーや施政方針演説を報じるメディア間にも見られた。全国紙に着目すると、保守系の読売新聞や産経新聞では、登場する人々の立場・地位にかかわらず、理念に肯定的な意見が目立つ。たとえば震災で家族四人を失った宮城県名取市の男性自衛官に焦点を当てた読売新聞の記事では、彼が聖火ランナーを務めるにあたって復興五輪を「被災地が改めて注目され、これまで受けた支援への感謝を伝える良い機会」と前向きに捉えていると紹介されている（二〇二〇年三月一九日）。

また産経新聞では東京五輪の男女サッカー開催が予定されていた「宮城スタジアム」に敷かれた「復興芝生」と銘打たれた天然芝について、「五輪を契機に、もう一度被災地に目を向けてほしい」という思いを語る開発者の声を紹介している（二〇二〇年三月一三日）。

その一方で、リベラル系とされる朝日新聞や毎日新聞では、被災地住民のより批判的・両義的意見が報じられていた。前述した施政方針演説への被災地での反応に関する朝日新聞の記事では、「元の姿は取り戻せていない。五輪の開催は歓迎だが、「復興」と「五輪」を無理やり結びつけている」という楢葉町の男性住民の声や、「第一原発の廃炉など重い課題もある。良い面と悪い面を平等に伝えて」と訴える聖火ランナーの女性住民の声が紹介されている（二〇二〇年一月二一日）。

また、同じく被災地における復興五輪の受け止め方に焦点を当てた毎日新聞の記事では、「家に帰れないうちは復興はあり得ない」と断言する一方で、「皮肉だが、震災があったから聖火リレーは福島からスタートする。野球とソフトボールも開催される。（五輪は）福島の励みにはなると思う」と条件つきで期待を表明する男性住民や、復興五輪は「名前ばかり」と感じつつも「双葉に人が来るチャンスではある」として前向きにも受け止めている男性住民の両義的な声が紹介されている（二〇二〇年一月三一日）。

他方、宮城県・東北地方の地方紙である河北新報に特徴的なのは、理念としての復興五輪そのものはある程度支持しつつも、その現在の位置づけ、特に中央主導でのその推進には懐疑的・批判的な姿勢である。たとえば、前述の安倍首相施政方針演説についての社説では「国のリーダーとして、震災から九年近くたっても続く復興課題を語るべきではなかったか。首相が示したのは、「復興五輪」という看板をアピールするための成果の列挙との印象が拭えなかった」（二〇二〇年一月二一日社説）と述べているように、中央政府が標榜する理念としての復興五輪には厳しい姿勢を示している。

また河北新報の被災地住民が登場する記事でも、復興五輪が復興の進んでいる「光」の部分だけでなく災禍が残る「影」の部分も伝えるべきだと訴えるいわき市の男性の声や（二〇二〇年一月一五日）、震災で両親と二人の我が子を失い、国が打ち出す復興五輪に疑問を呈しつつも聖火リレーの走者として「その残念さを晴らすためにも笑顔で走らないと」と決意する南相馬市の男性の声が紹介されている（同年三月一二日）。

被災地にとっての復興五輪は、単に中央政府から押し付けられる理念としてではなく、むしろ被災地側の積極的な努力によって復興に役立てるべきものとして位置づけられている。こうした河北新報の姿勢には、地方の利害に即して望ましい五輪のあり方を追求するという傾向を見出すことができる。

コロナ禍による復興五輪の後景化

以上のように安倍首相の施政方針演説や福島県発の聖火リレーなど復興五輪を強調するイベントのなかでも被災地住民の間での懐疑や批判は根強く、住民・行政・メディアの間には復興五輪の受け止め方に大きな溝があった。それでは、こうした状況はコロナ禍によっていかに推移していったのか。

本章第一節でも述べたように、二〇二〇年三月の延期決定でコロナの東京五輪への影響が顕在化する。これにより、先に触れた三月開始予定の聖火リレーも延期されることになった。延期決定の時点では、コロナ禍の深刻さとそれに伴う延期決定に理解を示しつつも、復興五輪の理念を堅持することを強調する論調が目立った。

政府レベルでは、田中和徳復興相は三月二七日の記者会見で「復興五輪の位置付けは揺らがない。（延期した）その分、発信力を高めていける」と発言し（産経新聞、二〇二〇年三月二八日）、橋本聖子五輪相も「復興五輪のレガシー（遺産）を築く準備がさらに1年できると受け止めたい」と述べるとともに、「東北の人たちの思いに寄り添い、復興の後押しができる期間と捉えて前向きにやっていく」と強調した（河北新報、同年四月一日）。

東北の地方自治体でも「復興五輪の位置付けが変わることはない」（郡和子・仙台市長）、「復興支援への感謝を国内外に伝える契機になる」（達増拓也・岩手県知事）、「「復興五輪」の大義は変わっていない」（村井嘉浩・宮城県知事）など、復興五輪との結びつきで前向きに延期決定が語られている（河北新報、二〇二〇年三月二六日）。

同様に地域住民からも「五輪は復興した姿と世界からの支援に感謝を伝える場。延期してもその趣旨は変わらない」という大船渡市民の声や（朝日新聞、二〇二〇年三月二四日）、「延期となれば残念だが、復興を祈って五輪を見守る気持ちは変わらない」という宮城県の聖火ランナーの男性の声が伝えられていた（産経新聞、同年同月同日）。まだこの時点ではコロナを乗り越えて復興五輪を実現する可能性がかろうじて信憑性を保っており、住民にもその理念に望みを託そうとする人々が一定数いたといえる。

このように多くの人々・メディアが復興五輪の理念を保持すべきだという立場に収斂しつつも、なかにはより強い懸念を表明するメディアもあった。河北新報では、宮城県の聖火ランナーを紹介する朝刊の紙面作りに関わった記者が「東京五輪を取り巻く雰囲気が「対コロナ」になるのは間違いない」と予想した上で、「「復興五輪」という言葉への違和

各紙における「復興五輪」言及頻度（2020年1月～12月）

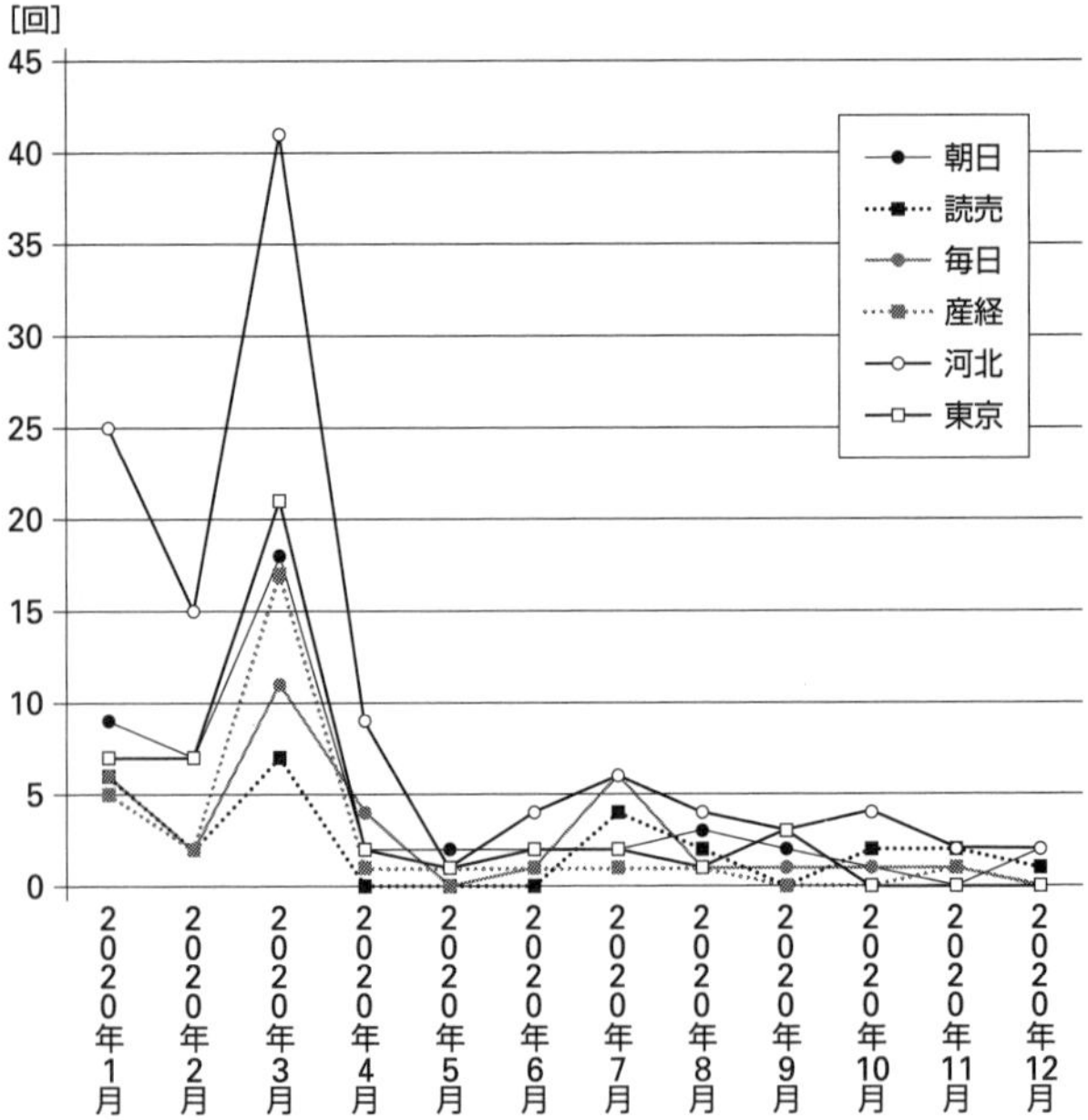

感は消えないが、それでも東日本大震災からの復興という大会の理念が霧散してしまわないか心配だ」と懸念を表明した（二〇二〇年三月二七日）。東京新聞でも、聖火リレーのコースが復興の遅れた地域を除外していることを批判する住民の声を紹介しつつ、「人類が新型コロナウイルスに打ち勝った証し」として開催するという題目によって、復興五輪の理念が後景化していることに言及している（二〇二〇年三月二七日）。

このような一部メディアが

表明していた懸念を裏書きするように、二〇二〇年三月の延期決定以後は「コロナに打ち勝った証し」が強調されることで復興五輪についての語りは後景に退いていく。二〇二〇年一月から一二月にかけての各紙における「復興五輪」言及頻度を示したグラフを見ると、聖火リレーの予定が間近に迫っていた二〇二〇年三月にピークを迎えたのち、延期決定直後の四月に激減、という各紙に共通するパターンを見て取ることができる。「復興五輪」の堅持を強調した行政や住民の意向に反して、三月末に五輪の延期が決定した直後にあたる四月以降、コロナと五輪とが結びついていく過程において、総じて復興五輪へのメディアの注目は衰退していったのである。

加速する復興五輪の後景化と止まらない分断

さらに、「復興五輪」の後景化に拍車をかけたのが、延期決定からおよそ五カ月後に起きた首相交代である。二〇二〇年八月に辞意を表明した安倍首相は同年九月には首相の座を退き、新たに菅義偉首相が誕生した。

首相交代は、復興五輪に期待を寄せる人々に失望や不安を喚起するものだった。河北新報では、安倍首相の退陣についての競技関係者からの不安の声として、「復興五輪推進の立役者だっただけにかなり影響が出るのではと心配している」という石巻市の担当者の発言や、「最近は「復興五輪」という言葉を聞かなくなって、少し寂しいと感じていた。首相は後押ししてきてくれただけに、できればあと1年やってほしかった」といったカヌー日本代表強化委員長の発言が伝えられている（河北新報、二〇二〇年八月二九日）。

また菅首相の就任についても、朝日新聞は内閣の基本方針から「復興」が削除され、「誘致の際のうたい文句だった「復興五輪」も、最近はほとんど耳にしなくなった」（二〇二〇年九月二〇日社説）という現状を指摘している。さらに河北新報は、「来年夏の東京五輪を「コロナウイルスに打ち勝った証し」とするのはいいが、同時に復興五輪であると胸に刻んでもらいたい」（同年一〇月二七日社説）と訴えるなど、コロナ禍や首相交代などのなかで復興五輪の後景化が強く意識されるようになった。

たしかにこの間にも「世界中から被災地に寄せられた支援に感謝し、被災地を見てもらい、来てもらいたい」という平沢復興相の発言（毎日新聞、二〇二〇年一〇月一五日）や、「「復興五輪」が東京大会の最も重要な柱であることに全く変わりはない」という橋本五輪相の発言（河北新報、同年七月一六日）に見られるように、中央政府の大会関係者は折に触れて理念の堅持に努めたが、こうした姿勢自体が逆説的にも復興五輪の後景化を物語っていた。いずれにしろ、首相交代により、復興五輪はますます後景に退き、被災地の観点からその忘却が問題視されるようになっていったのである。

こうしたなか、被災地住民の間では、政府への不信感だけでなく、復興五輪の理念そのものへの批判や懐疑も深まった。二〇二〇年一一月に共同通信が被災三県の住民計三〇〇人を対象に実施した意識調査では、復興五輪に関して「被災地と直接的なつながりはない」「無理やりのこじつけ」といった懐疑的な声が約六四％を占めた（東京新聞、二〇二一年三月二三日）。

また、同じく被災三県を対象に毎日新聞と社会調査研究センターが二〇二一年二月に実施した調査では、東京五輪の開催が「復興の後押しにはならない」と答えた人が六一％に達し、「後押しになる」の二四％を大きく上回った（毎日新聞、二〇二一年三月二日）。このようにして、被災地住民の多くが復興五輪の理念に懐疑的・否定的であることが改めて露呈したのである。

こうした被災地住民や一般市民の懐疑・不信の広まりとは対照的に、被災地の首長たちは依然として復興五輪の理念を強調し続けた。共同通信が岩手、宮城、福島の被災三県の四二市町村長を対象に実施したアンケート調査では、全体の七六％が復興五輪の理念に期待を寄せており、依然として復興を促進・発信する機会として理念が肯定され続けていることが明らかになった（東京新聞、二〇二一年三月二三日）。

五輪の延期決定以前の段階で被災地住民・首長の間には復興五輪の理念の受け止め方を

めぐる大きな落差があったことはすでに言及した通りであるが、理念が後景化していくなかでこうした落差は解消されることなく存続したといえる。

3　迷走する五輪の理念

二〇二一年に入ると、復興五輪やコロナに打ち勝つ五輪が可能なのか、という論点に加えて、新たに東京五輪を揺るがす事件が起こった。それは、開催主体による相次ぐ不祥事と辞任劇である。二月には東京オリンピック・パラリンピック組織委員会会長（当時）の森喜朗による女性蔑視と取れる発言が、続く三月一七日には開閉会式の総合統括（当時）の佐々木宏による女性タレントの容姿を侮辱する演出案が問題となり、批判が集まった。

結果的にこれらの事件は、両者の辞任という形で終結した。これらの辞任劇は、以前より市民の間で蓄積されていたコロナ禍での五輪開催への疑念を一層深め、被災地における復興五輪実現への気運をも削ぐこととなった。

森発言の波紋

一連の辞任劇の皮切りとなったのが、二〇二一年二月三日のJOCの臨時評議員会での森喜朗の発言であった。森はこの会議中、JOCが女性理事を増やしていく方針を掲げていることについて、「女性がたくさん入っている理事会は時間がかかる」などと発言した。五輪憲章が男女平等を掲げており、スポーツ界でもジェンダー平等実現に向けた取り組みが進んでいた最中、憲章の理念に真っ向から反する女性蔑視と取られる発言が、よりによって国内の開催主体のトップから発せられたのである。

国内外の大手メディア各社は、二月三日の夜には森の発言をオンライン記事として報じた。このニュースは瞬く間にネット上でも反響を呼んだ。当日にツイッターなどのSNSではマスメディアによる記事が拡散され、ネットユーザーによる抗議のコメントが投稿されていった。翌四日には「#わきまえない女」「#森喜朗氏は引退してください」「#森喜朗氏による発言の撤回と謝罪を求めます」などのハッシュタグが使われはじめ、その一部はツイッターでトレンド入りも果たすなど、ネット上での批判も加熱していった。この発言は、五輪開催主体トップとしての責任感の欠如が批判されるだけでなく、男女差別というセンシティブなトピックをも内包するものであっただけに、従来東京五輪に関して積極的に発言をしてこなかった人々をも巻き込んで、バッシングの嵐は広がっていった。

事後の組織委員会や日本政府、ＩＯＣの反応も火に油を注いだ。森が二月四日に行った記者会見での開き直りとも取れる態度、加えてＪＯＣの山下泰裕会長をはじめ、評議員会に同席した関係者が発言を制止しなかったこと、菅義偉首相が衆院予算委員会で森の進退については意見を述べなかったこと、さらにはＩＯＣが「（謝罪をもって）ＩＯＣは問題が終わったと考えている」と声明を出したが、九日に一転して、発言は「完全に不適切」だと発表したことなどが報じられた。

発言直後はネットや海外メディアの報道を引用しつつ事実を報道するにとどまっていた国内の大手新聞各社も、社説などで各々の見解を示し始めた。朝日新聞は二月五日の社説で、発言の撤回はしたものの会長職の辞任は否定した森に対して、「こんなゆがんだ考えを持つトップの下で開催される五輪とはいったい何なのか」という言葉と共に辞任を求め、毎日新聞も同日の社説で「五輪精神を傷つける自らの発言が開催への障害となっていることを自覚すべきだ。一連の言動は、東京大会を率いる責任者としては失格だ」と酷評する。読売新聞は「大会運営を担う組織のトップとして、自覚を欠いている」と評しつつ「発言の影響を踏まえて、身の処し方を再考すべきではないか」と、間接的にせよ森の進退に意見を寄せた（二〇二一年二月六日社説）。

さらに、リベラル系紙に比べて開催主体に対して擁護的な産経新聞すらも、森発言が五輪開催へ及ぼすネガティブな影響を問題視した。同紙には、発言から二日前の二月一日には「観客の有無と開催可否は切り離す見方が大勢」として、五輪開催を危ぶむ声を問題視しない論調の記事が掲載されていた。しかし二月六日に掲載された「主張」では、森の発言を受けて「組織委やＪＯＣには猛省を求めたい。これ以上向かい風が強まれば、開催への機運は本当にしぼんでしまう」と組織委とＪＯＣに苦言を呈し、開催そのものへの危惧をにじませた。

森の発言が五輪開催への逆風を強めたことは明らかだった。各紙の反応は、開催を前提としつつその障壁として発言を批判する保守・中道系新聞と、コロナ禍のなかでの開催にまで疑念を呈するリベラル系紙という構図で二分された。だが各紙とも、発言が市民の日本政府と開催主体への信頼を失墜させ、すでに世に蔓延していたコロナ禍での五輪開催への疑念をも一層深めたという評価を下した点では一致していた。

他方で、発言は被災地住民により「復興五輪」理念に反する言動としても受け止められていったという点に注目したい。河北新報では「弁明に終始した恥ずかしい会見。しゃべるたびにひやひやした」「ランナーを辞退する人が相次いでもおかしくない。あまりに無責任だ」という「復興五輪」を心待ちにする聖火ランナーらの失望の様子や（二〇二一年二月五日）、「どう五輪を盛り上げるか考えていたのに水を差された気分。「復興五輪」の理念が風前のともしびになっている」という町で観客のもてなし方を学ぶイベントに参加した被災地住民の声が紹介される（同年二月一二日）。ここに及んで、それまで復興五輪に肯定的な期待を寄せてきた被災地住民たちまでもが組織の体質という観点から復興五輪のスローガンに失望や懐疑を表明するようになっていったのである。

逆風と期待の三月――第二の辞任劇と聖火リレー

結果として二〇二一年二月一二日、森は国内外からの非難の嵐に押される形で辞任を表明した。後任として川淵三郎の名が持ち上がるも、彼に就任を打診したのが役職を退いたはずの森であると報じられると、その人事の不透明さにまた批判が起こった。結局川淵就任は取りやめになり、一八日に当時五輪相であった橋本聖子が組織委員会会長に就任した。

過去のセクハラ問題が取り沙汰されることもあったとはいえ、総じてマスメディアは橋本新会長に期待を寄せていた。それは度重なる失言と不祥事により失われた五輪と組織への信頼回復や「多様性と調和」の理念への回帰、ウィズコロナ時代にふさわしい現実的な大会運営への期待であった（日本経済新聞、二〇二一年二月一九日社説）。そして被災地の視点からは復興五輪の気運を再び醸成することへの期待も表明された（河北新報、二〇二一年一月一九日社説）。折しも、延期となっていた聖火リレーの開始日が近づいており、この頃からリレーへの期待の声を伝える報道も増えはじめていた。

しかし、そのような再出発への期待は、さらなる逆風を受けることになる。三月一七日に『文春オンライン』が発表した記事で、当時開閉会式の総合統括であった佐々木宏が、過去に女性タレントの容姿を侮辱するような演出案を提案していたことが報じられた。問題となった発言は、報道から約一年前の二〇二〇年三月に開閉会式の演出チームのグループラインで投稿されたもので、発言は直後に他のメンバーからの注意を受けて取り消されていた。しかしこの件もまた五輪の理念である「多様性と調和」に真っ向から反する発言として、大手メディア、週刊誌、ネットで激しく追及がなされた。

当初は辞任の意向はなかった佐々木だが、結局早くも翌三月一八日に総合統括辞任を表明した。この事件は森発言ほどの熱狂は呼ばなかったものの、二月の森発言に続く開催主体の女性蔑視的言動は、開催主体側のずさんな統治構造と日本社会での男女平等意識の遅れを露呈する事件として話題となった。

各紙も『文春オンライン』の記事を引用する形で演出案を批判する記事を掲載した。たとえば産経新聞は「主張」欄で五輪の商業主義化により五輪とスポーツの価値が忘却されていると指摘し、「五輪開催の意味を問い直し、演出のあり方を精査すべきだろう」と五輪の意義の迷走を懸念した（二〇二一年三月二〇日）。

このような度重なる逆風のなかで聖火リレーは始まった。リレーは三月二五日に、震災直後に原発事故対策の拠点にもなった福島県のJヴィレッジからスタートし、約一万人の走者によって、およそ三カ月をかけて全国八五九市区町村を巡る。コースには被災地も含まれており、被災地にとってもリレーは霞んでしまった「復興五輪」を社会に思い起こさせ、復興の現実を国内外に発信する好機だった。だが、三月一一日の東日本大震災一〇周年追悼式で読まれた菅首相の式辞では「復興五輪」という言葉は使われず、行政側も復興五輪の発信を積極的にはしていない（東京新聞、二〇二一年三月一二日）。

ちなみに、この時期の世論調査を見ると、二〇二一年一月に底を打った開催派が二月には巻き返していることがわかる。たとえば朝日新聞が二月一三日から一四日にかけて行った世論調査では、「今年の夏に開催する」は二一%と、前月の一月の一一%から一〇ポイント上昇した。それに対して「再び延期する」が五一%から四三%へ減少、「中止する」が三五%から三一%へ減少した（朝日新聞、二〇二一年二月一六日）。このような変化が起きた理由は明らかではないが、開催派の盛り返しの一つの背景に、聖火リレーという象徴的イベントへの期待の高まりが関係していたと考えても不自然ではなかろう。

しかし聖火リレーを取り巻く視線はやはり、期待と不安を孕んでいた。五輪の象徴であり、開催の機運を盛り上げる効果が期待されるイベントでありながら、同時に「密」を避けて実施せねばならない。リレーはそのようなコロナ禍のもとでの特有のジレンマを内包していた。現に、二月一七日に島根県知事の丸山達也は、組織委員会にリレーにおけるコロナ感染対策の是正を求めるとともに、島根県でのリレーの中止を検討するなど、地方首長のスタンスも一様ではなかった。

いざリレーが始まると、その二つの感情の矛盾は顕在化する。各紙は、リレーが福島の復興を「世界に知ってもらう良い機会」（東京新聞、二〇二一年三月二六日）になるという被災地住民や被災地出身ランナーの期待の声を報じた。しかし、沿道での密集回避や大声での会話の自粛を求める一方で、リレーを先導する派手な宣伝車やＤＪによるパフォーマンス、沿道でのグッズ配布といったお祭り騒ぎの演出が行われたことには、「驚いた」「しらける」といった違和感の声が寄せられたことを報じた（同紙、同年三月二八日）。

また河北新報の報道からは、復興がいまだ進まない被災地の現状と東京五輪との乖離も鮮明になったことが見えてくる。同紙の二〇二一年三月二六日の紙面には、福島県双葉町に住んでいた男性へのインタビューが掲載された。そこでは、同町では面積の九五％で避難指示が続いているにもかかわらず、整備が進んだ駅前広場のみがコースに選ばれたことへの複雑な思いが吐露されていた。

復興五輪への諦め？——被災県での規模縮小

二〇二一年春から開催直前期にかけて、東京五輪開催の意義をめぐる論争が一層先鋭化していった。四月二五日に東京、大阪、京都、兵庫の四都府県に三度目の緊急事態宣言が出されたものの、感染拡大は収まる気配がなかった。その後対象地域は一〇都道府県に拡大され、当初は五月一一日で終わる予定だった宣言は、沖縄県を除く地域では最終的には六月二〇日まで延長された。

感染拡大を背景に、開催、再延期、中止を唱える世論が拮抗する状況でも、政府側からは中止や再延期を考慮したコメントはなされなかった。その代わりに国内の開催主体がこの時期から繰り返し唱え始めたのは、「安心・安全」の五輪開催というスローガンや、「人々の間に絆を取り戻す」といった精神論であった。これらの「説明」は、コロナ禍のなかでの感染抑止策や五輪の意義をめぐる疑念に十分答えているとは受け取られず、大手全国紙の紙面にも「何のための五輪なのか」という問いが度々掲載された。

そのような状況のなか、復興五輪に関する言説はどのように取り上げられたのだろうか。グラフを見ると、復興五輪に関する報道は東日本大震災一〇周年にあたる三月に全国紙で増加するも、それ以降は総じて取り上げられる頻度は少なかった。しかし開催月の七月には、河北新報に加えて全国紙でも軒並み復興五輪に言及した記事が急増する。その焦点は、

各紙における「復興五輪」言及頻度(2021年1月～8月)

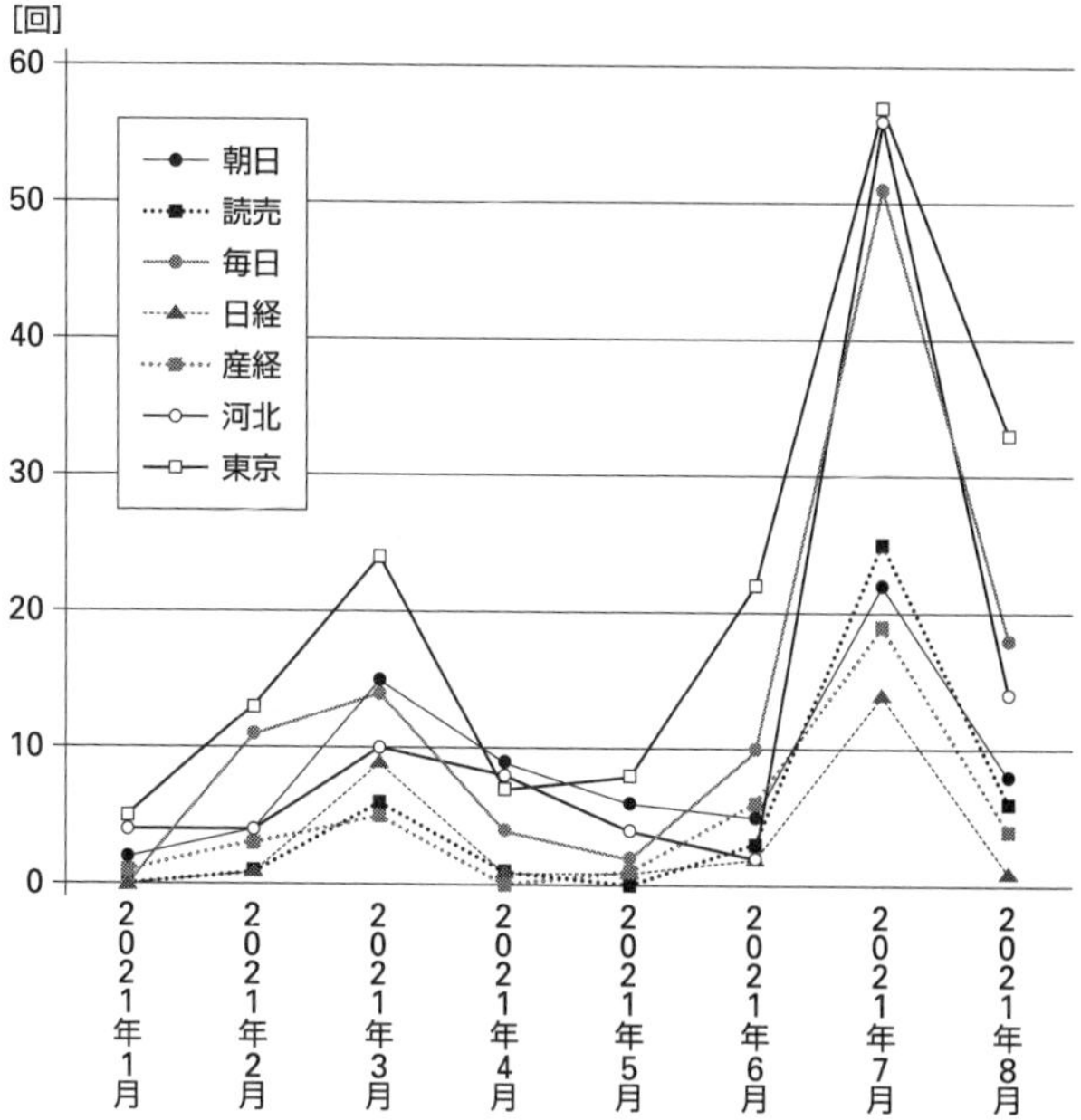

被災地での五輪観客の有無に関する議論、被災三県出身の選手への注目、そして大会規模の縮小に伴い復興五輪が置き去りにされていることへの言及に大別できる。

　コロナ感染リスクへの警戒と復興五輪への期待という被災地のアンビバレントな感情が鮮明に表れたのが、東北での五輪イベントの規模縮小をめぐる報道であった。すでに二〇二一年三月に海外から観客を受け入れないことが決定され、復興を国外に発信する重要なチャネルを一つ失った状態だった。その上各国選手団の事前合宿の受け入れ中止の決定が相次いだ。河北新報が八月二三日に行った集計によると、当初事前合宿を計画していた東北の四四市町村のうち、少なくとも半数の二二市町村が一部またはすべての合宿を断念する見通しとなっていた（河北新報、二〇二一年六月二三日）。

加えて「復興ありがとうホストタウン」プログラムの規模も縮小され、選手らと住民との交流に加え、震災遺構や追悼施設などを案内する計画が多くの自治体で断念された。この時期の紙面では、選手団との調整や国への問い合わせに翻弄されるホストタウン関係者の「想像していた五輪とほど遠い」（河北新報、二〇二一年五月二三日）、「制度の趣旨が失われ形骸化した」（東京新聞、同年六月一三日）という落胆の声が掲載されている。

さらに七月には、被災三県で開催される五輪競技の観客の有無をめぐり、被災地で動揺が走った。まず七月一〇日に、福島あづま球場で行われる野球とソフトボール競技の無観客開催が急遽決定された。東京五輪は一都三県以外では有観客での開催を前提としていたが、七月九日にサッカー競技が行われる北海道の会場を無観客とする発表がされたのに次いで、翌一〇日、福島県の内堀知事が組織委員会に無観客開催を打診したのである。

この決定を受け、大手全国紙では感染拡大状況を考慮すれば妥当だとしつつも、インタビューなどで被災地住民の落胆の声を伝えている。また決定と同時期に、福島での県を紹介するブースや、県産食品の安全性をアピールするイベントも感染防止の観点から中止となっていった。結果として、特に福島県は復興の様子を県外や海外に伝えるチャネルをほぼすべて失った形になる。

一方の宮城県では、村井嘉浩知事が宮城スタジアムで開催される競技で一万人を上限として観客を入れる決定をした（河北新報、二〇二一年七月一二日）。同知事は「震災からここまで立ち直ったことや、県民が感謝の気持ちを持っていること」を世界に発信する好機として有観客決定を下したと語るが（読売新聞、同年七月一三日）、この決定には医師会や近隣県の知事などからの批判が相次いだ。河北新報も、この出来事を主に感染拡大のリスクの観点から報じている（同年七月一五日）。

河北新報がラインで行ったアンケート（実施期間：七月九日から一一日まで）によると、七九八八件の回答のうち、宮城県などの五輪競技会場に観客を入れることに二割弱が賛成したのに対し、反対は八割強にも上った。「住所を「宮城県内」と回答した3581件に限ると、反対は9割を超え」、地元での反発が特に強かった（二〇二一年七月一三日）。

この時期、それまでは復興五輪の理念に肯定的であった被災県の首長からも、その実現に懐疑的な見方を示す声が漏れ始めた。六月に陸前高田市の戸羽太市長は「復興五輪の感覚が国民の中にあるのかというと、あまりないと思う」と語り（河北新報、二〇二一年六月一日）、同月に内堀知事も東京五輪について「復興五輪としての形は見通せず、未来においては別の形を模索することもあり得る」と述べている（同紙、同年六月一五日）。七月には同知事は福島県における無観客決定について、「（訪れる人に）福島が（東日本大震災からの）復興に進んでいることや課題を知ってもらう機会はなくなった」と発言している（同紙、同年七月一一日）。

そのような状況下で、二〇二一年七月二一日には東京五輪最初の競技として、福島あづま球場でソフトボールが、宮城スタジアムで女子サッカーが始まった。この日河北新報は、一連の規模縮小により「復興を伝える機会は極めて限られることになった」と評しつつも、「それでも、諦めずに、発信に力を尽くすべきだろう」と、落胆と期待の入り混じった社説を記している（二〇二一年七月二一日社説）。

観客を入れて当初想定された規模で五輪を実施すれば感染リスクの増大に繋がり、規模を縮小すれば復興を広く外部に伝えることができず、復興五輪の理念から遠のいてしまう。感染への警戒と復興五輪への期待との間のジレンマを伝える河北新報の一連の報道は、被災地が抱えるこの分裂を如実に浮かびあがらせた。

幻に終わった一九四〇年東京五輪が関東大震災からの復興を体現する機会として、一九六四年東京五輪が敗戦からの復興を象徴する機会としてそれぞれ位置づけられていたように、東京五輪は東日本大震災からの「復興五輪」になるはずだった。しかし、二〇一一年に復興五輪理念が成立してから二〇二一年に延期された東京五輪が開催されるまでの一〇年間を通じて、被災地住民の間でそれが広く受け入れられることはなく、住民・行政間、メディア間における受け止め方の落差は解消されることはなかった。

それでもこの空虚なレトリックは、五輪への疑念と期待を掻き立て続けた。「復興五輪」と復興が進まぬ現実との乖離からくる疑念と、それでも「復興五輪」に何らかの意義を見出そうとする期待。相反する感情を抱えたまま、被災地は五輪を迎える。

第4章

止まらぬ五輪を前に
世論「分断」とマスメディア報道

中川雄大／林 凌／宮地俊介

選手村の外で五輪開催反対の声をあげる人たち
［2021年6月20日、写真提供：朝日新聞社］

二〇二〇年三月に東京五輪の延期が決定した後も、五輪を開催すべきか否かという問題は、常に議論の的となり続けた。当初見込まれていたワクチン開発や水際対策などが思い通りに進まないなか、平常状態へと戻ることが当面困難であることが徐々に明らかになっていったからだ。特に二〇二〇年末から二〇二一年一月上旬以降、東京や大阪といった都市部においては新型コロナウイルスの感染者数が連日数百人から数千人規模で推移し、大規模イベントの実施や商業施設・飲食店の運営は恒常的に制限され続けた。

にもかかわらず二〇二一年上半期においては、五輪開催に向けた取り組みが、開催主体たる国・都・日本オリンピック委員会（JOC）・国際オリンピック委員会（IOC）、組織委員会などの手によって着々と進められていった。こうした状況下において、人々は以下のような疑問を持ち始める。コロナウイルス感染症対策を行いながら、五輪というメガイベントを開催することは、果たして可能なのだろうか。

五輪開催前に日本社会において論争となったのは、この一種「矛盾」とも形容可能な状況をどのように解釈するのか、という点であった。新聞・テレビ・雑誌といったマスメディアは、この状況下においてそれぞれ異なる論点提示や主張を行った。またこうしたマスメディアの様々な報道を反映する形で、ネット上を中心に五輪開催をめぐり多くの論争が発生し、ときにそれは主催者やその関係者に対する辛辣な批判を生むに至った。コロナウイルス感染症の影響が日に日に深刻化するなかで、五輪を開催すべきかどうかという問題は、多くの人々にとって避けることができないものへと変化していったのである。

よって、この時期日本におけるマスメディアがこの問題についてどのような立場から報道を行っていたのか、そしてその報道結果を踏まえた上で人々が主にネット上でどのような主張を行っていたのかを検証することは、コロナ禍のなかにおける東京五輪の開催という事象が日本社会に対し与えた影響と、その問題点を洗い出すことにつながるだろう。本章ではこの観点より議論を行うこととしたい。

1　新聞に見る五輪と「分断」

「分断」される世論？

開催サイドの不祥事も相次ぎ、混乱のさなかに行われた東京五輪の開会式（二〇二一年七月二三日）。当日二三日の社説では朝日新聞、東京新聞がそれぞれ「分断と不信、漂流する祭典」（朝日新聞）、「対立と分断を憂える」（東京新聞）と語り、毎日新聞も翌二四日の記事で東京五輪が「再び『世界を一つ』にするだろうか。それとも分断の火種となるのだろうか」と問いかけた。新聞は未曾有のパンデミック下の五輪を、「分断」という時代診断のもと報じてきたのであった。だが、そもそも「分断」とは一体何か――。

第一には、世論の対立状況のことが挙げられるだろう。各報道社・通信社とも、今大会に先立って世論調査を精力的に行ってきた。その項目は五輪に対する関心の有無、海外・国内の観客の制限や有無、開催に伴って期待すること／不安を抱くこと、開催が新型コロナの感染拡大に繋がると思うか／コロナ対策と両立できると思うか、森発言への態度など、社や調査によって論点もワーディングも多岐にわたる。コロナ禍のなかでの東京五輪をめぐって様々な論点が噴出し、そのたびに世論が割れてきた様子が如実に示されていた。

新聞によってはユニークな世論調査もあり、そのこと自体に各紙の五輪に対するスタンスも見て取れる。読売新聞は、金メダルの獲得目標について尋ねたり（二〇二一年一～二月調査）、前回の東京五輪があった一九六〇年代の意識との比較調査を行ったりするなど（二〇二〇年三～四月調査）、五輪ムードを演出するものも多い。朝日新聞は、菅首相の「新型コロナという大きな困難に直面する今だからこそ、世界が団結し、人々の努力と英知でこの難局を乗り越えていくことを発信したい」発言に納得できるかを問うなど（二〇二一年六月調査)、五輪の論点を政治と絡めて批判することを狙う質問も目立つ。毎日新聞は、第3章でも触れた通り、被災三県を対象に「復興五輪」プロパガンダをめぐる意識調査も行っている(同年二月調査)。特に開催可否(中止すべきか)について、もともとの開催予定であった二〇二〇年七月以降の各新聞・通信社による世論調査を見てみると、朝日新聞(二〇二〇年七、一〇、一二月、二〇二一年一〜七月)、読売新聞(二〇二一年二、五〜七月)、毎日新聞(二〇二一年三〜七月)、東京新聞(二〇二一年二〜七月)、産経新聞(二〇二一年一〜七月)、共同通信(二〇二〇年七、一〇、一二月、二〇二一年一〜七月)、時事通信(二〇二〇年一二月、二〇二一年二、四、六月)というように、この一年で一定のデータの蓄積があることがわかる。しかし、五月頃からは開催可否をめぐる選択肢に観客の有無や人数制限など新たな論点も入り込んできたために、人々のとりうる立場はより細分化・複雑化した。

したがって今大会をめぐっては、そもそも開催すべきか、中止すべきかのみに焦点を絞って継続的に調査すること自体が難しくなっていったという問題もある。そのため、開催可否について同一のワーディングで一年近く全国規模の世論調査を続けてきた新聞・通信社は朝日新聞のみに限られてしまう(共同通信も一年を通して開催可否を問うてきたが、質問文のワーディングは確かめられない)。ここでは朝日新聞のデータをグラフで示しておこう(ただし二〇二一年七月調査では選択肢が「賛成」「反対」に変わっているため割愛。なお、このグラフ

「東京五輪・パラリンピックをどのようにするのがよいと思いますか」
回答（朝日新聞・全国世論調査）

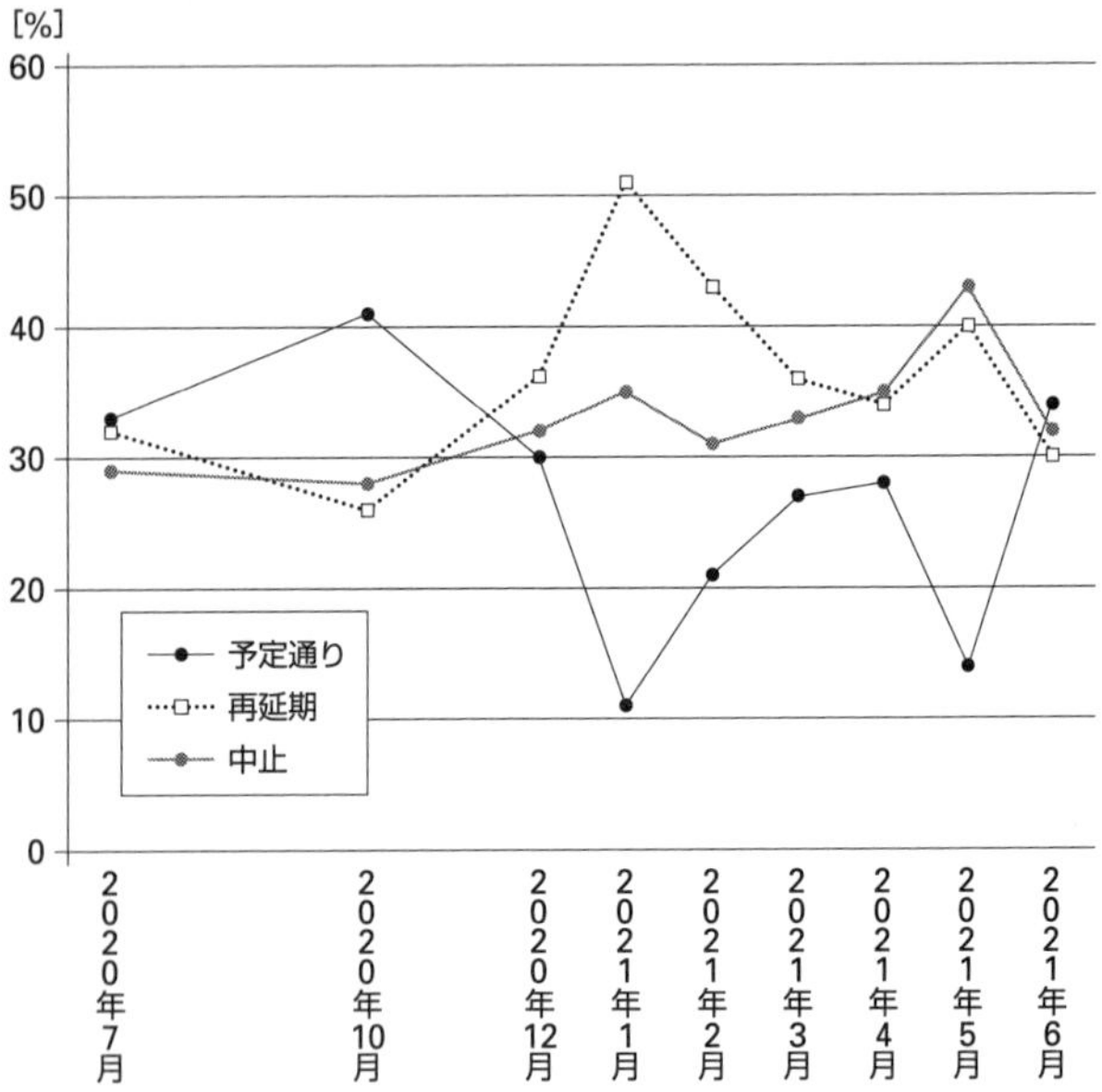

では二〇二〇年には「来年の夏に開催する」、二〇二一年には「今年の夏に開催する」となっていた選択肢をまとめて「予定通り」と示している）。

　ここから読み解けるように、世論は大きく三分割され続けてきた。

　中止派は一定して三割ほど存在し、この一年の間NOを示してきた。共同通信社の調査でも中止派は二九・〇％（二〇二〇年一二月）、二〇二一年に入ってからは三五・三％（一月）、三五・二％（二月）、三九・八％（三月）、三九・

二％（四月）、五九・七％（五月）、三〇・八％（六月）、三二・二％（七月）といずれも高い割合で推移している。

　予定通り派は感染拡大「第三波」真っただ中の二〇二一年一月には一〇％台まで割り込んだが、六月にはワクチンへの期待もあってか再び盛り返している。開催賛成に傾く気運は他の世論調査にも見られ、たとえば産経新聞は自社の六月の調査結果を「五輪中止、3割に急減」と紹介しているが（六月二二日）、反対に時事通信の世論調査ではむしろ六月に中止派が過去最多（四〇・七％）に達している（時事通信、同年六月一八日）。したがって、開催が目前に迫るなか、世論は東京五輪賛成・反対をめぐって単に「分断」されていただけではなく、新聞・通信社によってその見え方が異なる様相を呈していた。

　けれども、「分断」が必ずしも世論の分割状況を指してのみ使われてきたわけではなかったことは強調しておかねばならない。そもそも「分断」自体は、ヘイトクライムや差別、米中対立、ブレグジット、格差の増大など、意見や立場の対立状況を形容するために五輪以前から頻繁に用いられてきた言葉である。そうしたこともあって、「分断」は二〇二〇年のキーワードであったともいわれていた（東京新聞、二〇二〇年一二月二一日ほか）。

　特に新型コロナウイルスの流行は、物理的な人流を遮断したほか、偏見に基づく差別感情を加速させ、こうした様々な「分断」状況をさらに深刻化させるものだったとされている。読売新聞のインタビューではバッハＩＯＣ会長（二〇二〇年二月二〇日）、コーツＩＯＣ副会長（同年七月二四日）のそれぞれが、東京五輪は「分断の時代」の架け橋になると語っている。その後バッハはＩＯＣ会長職二期目出馬表明前の演説でもコロナ禍による世界の分断状況に言及したし（読売新聞、同年七月二九日）、同様の語りは武藤敏郎大会組織委員会事務総長（毎日新聞、同年二月一八日）、橋本聖子大会組織委員会会長（東京新聞、二〇二一年三月二五日）、丸川珠代五輪相（東京新聞、同年五月一三日）、山下泰裕ＪＯＣ会長（読売新聞、同年七月七日）など、それぞれの発言にも共通して見られる。

　すなわち開催主体や賛成派の間には、もともと生じていた様々な分断がコロナ禍によってさらに深刻化している現在だからこそ、五輪が人々を一つに繋ぎ止めるのだとして、開催を根拠づけたり正当化するロジックが共有されていたわけである（たとえば産経新聞、二〇二〇年七月二五日、真田久）。

　ところが、二〇二一年五月頃から東京五輪そのものが分断を招いているという報道が見受けられるようになる。たとえば毎日新聞は五輪自体が「分断の象徴」になると危惧する小説家ら（額賀澪《みお》、重松清）の意見などにも依拠しつつ（二〇二一年六月二六日、七月一六日）、世論が割れている状況を批判的に論じてきた（同年五月一〇日、五月二九日、六月二三日）。こうした時代診断は開催サイドの認識にも反映され、菅首相の口からも世論の「分断」に対する懸念が語られている（読売新聞、同年七月二四日）。

しかし実際のところ「分断」報道の内実を検討してみると、世論だけではなく、選手と国民の分断に触れるものや（毎日新聞、二〇二一年五月二三日）、分断は政府と市民との間にこそ生じたものであるとして政権を批判するもの（東京新聞、同年五月二七日）など、いくつかのバリエーションが見受けられる。それは、五輪が「平和の祭典」として、政治や社会についてのあらゆる差異を超えて人々を一つにするという、過度な期待が寄せられてきたことの裏返しでもあった。

「分断」が何と何の間に、なぜ・どう生じたのかについては論点が混在したままであった。だが、それゆえにこそ「分断」は、その解決を過剰に背負い込まされた東京五輪自体の様々な問題を露呈させる概念として機能したのだ。では、こうした様々な「分断」状況を前にして、各新聞社はそれぞれどのような立場を取ったのだろうか。

五輪報道の見取り図

新聞は社会の素朴な映し鏡ではなく、むしろニュースをつくり出すものである。各新聞の報道スタンスによって、東京五輪の見え方もまた左右されることとなる。たとえば二〇二一年七月二六日はスケートボード西矢椛《もみじ》が日本人史上最年少の金メダリストとなったほル、卓球混合ダブルスでは伊藤美誠《みま》・水谷隼《じゅん》ペアが中国を破って日本卓球史上初の金メダルを飾るなど、話題性の高い金メダル獲得が続いた。

一方でこの日は政府が「黒い雨」訴訟の上告を見送った事実が明らかになった日でもある。ジャーナリストの江川紹子が着目していたように、翌二七日の朝刊報道記事では、「黒い雨」訴訟の記事をトップで大きく取り上げた朝日新聞・毎日新聞・東京新聞と、メダルラッシュをトップで取り上げた読売新聞・産経新聞とに分かれることとなった（ゲンロンカフェ、二〇二一年七月二六日）。もちろん一面記事だけですべてを語れるわけではないが、新聞が何をどのようにニュースとしてつくり上げるか、その際に五輪の話題をどのように使ったのか、典型的に表れた事例ともいえるだろう。

ただし、開催に先立っては、賛成・反対の立場を早くから明示してきた産経新聞、東京新聞と比べると、大手三紙（朝日新聞・読売新聞・毎日新聞）は「開催すべき」「中止すべき」というような思い切った提言にはなかなか踏み込めない状態が長らく続いていた。

まず、批判派の急先鋒となったのは、開催都市ながら国内で最も感染状況が深刻な東京に購読者を多く持ち、五輪のオフィシャルパートナーにもなっていない東京新聞であった。大手三紙が別のニュースで朝刊一面トップを揃えるような日でも、東京新聞は一面トップで首都圏の医療・感染の状況を報じつつ、有観客での開催に疑義を唱えるなど（二〇二一年六月一六日)、報道のテーマと対象を絞り、批判を先鋭化させてきたように見える。開催まで半年を切った二〇二一年一月末、一年延期を決定した前年三月よりも感染状況が悪化するなか、朝日新聞(二七日)・毎日新聞(二五日)・東京新聞(二五日)は社説欄で開催への疑念を示したが、特に東京新聞は開催主体に対して「開催の可否を根本的に問い直すべきだ」と強く迫り、感染状況に応じた縮小案・中止案の検討も勧めている。医療逼迫が激化した六月初旬には「人の命を危険にさらしてまで、開催を強行することは許されない」(二〇二一年六月一日社説)と断じ、開催まで二週間を切った七月にも「今、最も効果的な感染防止策は「五輪中止宣言」ではないのか」と勧告するなど(東京新聞ウェブ版、同年七月九日)、コロナ禍のなかで五輪を開催する意義を問いかけ続けてきた。

同じく批判寄りの態度を示してきた朝日新聞は、政権の維持・浮揚のために五輪を利用する、あるいは五輪のためなら何でもありとでもいうような「開催ありき」の前提ないし「五輪至上主義」の態度を組織委や為政者に認め(二〇二〇年一一月二〇日社説、二〇二一年四月七日社説、四月二三日社説、五月一二日社説、五月二九日社説、六月一八日社説)、そもそもの組織的体質や「五輪のあり方そのもの」から問い直す必要を述べる論調が目立った(二〇二〇年四月一日社説、七月二四日社説、九月三〇日社説、二〇二一年三月二〇日社説)。

これに対して開催派の産経新聞は批判派の「開催ありき」言説を逆手にとって、むしろこれら批判が「中止ありき」に陥っており、「開催ありき」で準備を進められていたらワクチンの承認等にもっと早く繋がっていたのではないかと問題提起を行い続けている（二〇二一年五月一日主張、五月一一日主張、六月八日主張、七月九日主張ほか）。産経新聞は開催主体の説明不足は批判しつつも、五輪の意義を人々に感動や勇気を与える「スポーツの力」に託し（同年一月六日主張、四月六日主張ほか）、「選手も思いを発信せよ」とアスリートたちにも開催の意義を主張するよう呼び掛けた（二〇二〇年七月二三日主張、二〇二一年五月二八日主張）。このほか開催国としての「責任」を世界に負ったのだからその筋は通すべきだという論調も多く見られる（二〇二一年六月一五日主張、六月一八日主張、七月九日主張）。

ただし、前述した朝日新聞も含め、大手三紙は必ずしも開催・中止をきっぱりと明言して主張してきたわけではない。コロナ禍が深刻化し感染症対策の杜撰さも露呈するなか、新聞社が諸手を挙げて開催を歓迎することはなかった。かといって、大手三紙は五輪のスポンサー契約を結んでいた立場上、中止の提言には二の足を踏んでいたとされる（本章第3節を参照）。賛成・反対を問わずどの社も、人々の命や健康が最優先であること、政府や開催サイドが科学や専門知を軽視していること、説明責任を果たしていないこと、アスリートや関係者の努力を無駄にしたくないことなどは、共通して論じている。

つまり、賛成派からしても開催サイドのゴタゴタや当局による感染対策の不徹底は明らかだったから、あくまでスポーツや選手についてはそれとは切り離した上で応援しましょうという立場を取っていくこととなる。翻って開催を否定する場合にも、アスリートや開催に努力してきた人々へ配慮する必要から、開催賛成派と同じ批判以上の強い主張にはなかなか踏み込めなかった。

そうした状態に変化が見られたターニングポイントは、二〇二一年五月二六日の朝日新聞の社説「夏の東京五輪　中止の決断を首相に求める」であった。同社説ではあくまで選手や準備に努力してきた人々を思えば「中止はむろん避けたい」と留保を示しつつも、「市民の生命」をより重視するならば開催は見送るべきだと主張した。朝日新聞は開会式当日の社説でも「中断・中止の可能性も排除せずに大会に臨む必要がある」と訴えるなど、これ以降は反対のスタンスを強く打ち出していく（二〇二一年七月二三日社説）。

朝日新聞の「中止」社説に対して翌五月二七日には読売新聞が「東京五輪　開催へ感染防止策を徹底せよ」（社説）、二八日には産経新聞が「東京五輪　開催の努力あきらめるな　菅首相は大会の意義を語れ」（主張）と表明し、開催に対する不信を払拭するよう改めて開催主体たる政府・都・組織委に説明を求めた。そのため、ちょうど世論調査の結果が大きく揺れ動き、混乱を示した五月から六月にかけてのタイミングで、社ごとのスタンスの違いも見通しやすくなる形だったといえる。ただし、スポーツやアスリートと組織・

政権の問題とを切り分けて批判の焦点を絞るロジックは、どちらの立場にも共通しており、それが踏み込んだ提言を困難にしてきたことは強調されなくてはならない。

キャスティングされる専門知

前項で見た各社の姿勢の違いは、専門家・有識者のキャスティングや科学的ソースの選択にも表れている。新聞は、玉石混淆な情報が飛び交うSNSや、笑いが求められがちなテレビの情報番組などと比べると、正確性や批評性が高いメディアといえるかもしれない。しかしながら、各新聞社にはそれぞれの報道方針や思惑があり、専門家の動員や科学的ソースの引用もそうした計算に基づいて行われていることを忘れてはならない。

コロナ禍のなかでの東京五輪をテーマに専門家・有識者に依頼したロングインタビューや寄稿のシリーズ記事としては、毎日新聞デジタル版で多種多様な識者へのインタビューを五〇回以上連載してきた〈#五輪をどうする〉シリーズや、朝日新聞デジタル版の「語る 東京五輪」(二〇二一年八月一〇日〜二五日)などがある。読売新聞は「東京五輪・パラ」をテーマにロングインタビューを掲載した際には、「東京開催に向けて、実現に尽力した政治家ら」をキャスティングしている(二〇二一年七月三〇日)。初回の語り手には安倍元首相を選び、開催の一年延期の決断理由が緊急事態宣言等によって感染者数や重症者数を抑え込めると判断したためだと語らせている。

　時事芸人のプチ鹿島は、実際に一年前に延期の根拠として語られていたのは国産ワクチン開発の見込みだったことに触れ、本記事が歴史的事実の「改ざん」であると痛烈に批判している。[1] しかし読売新聞からしてみれば、一連のインタビュー記事は、五輪開催を正当化する計算が初めからあって掲載したものだったのではないか。すなわちインタビューの目的は、その内容如何よりも、功労者たち自身に改めて見解を語らせ、政治的な流れを作り出すことにこそあったと考えられる。

　たとえば二〇二一年八月二日の同シリーズのインタビュー記事では、森喜朗に「この機会にオリンピックそのもののあり方も変えられるのでは。長く言われてできないことですが、ＩＯＣ（国際オリンピック委員会）の改革もしていけるのではと思います」と語らせている。しかし「オリンピックそのもの」の変革とは、むしろ開催サイドの組織体質が問題視されたがためにこそ求められた論点だったはずだ。

　この記事が掲載されたのは、女性蔑視発言で辞任に追い込まれた森を、ＪＯＣが名誉最高顧問に就けようとしていた疑惑が報道されていた頃だった（朝日新聞、二〇二一年七月二三日ほか）。それにもかかわらず、まるで組織が変わろうとしてきたかのように、このインタビューは印象づけている。これらの連載自体が、彼のような功労者がいたからこそ東京五輪を招致・開催できたんだというシナリオを反復していた。

科学的知見が記事の論拠に用いられる場合も同様に、その背後で働いている各社の計算がある。特に、今回の五輪では政府や組織委が科学や専門知を軽視してきたことが問題視されてきたために、新聞は科学的ソースを用いながらこの点を批判する必要があった。

経緯を簡単に述べておこう。菅首相は二〇二〇年に延期を決定した安倍前首相の「完全な形」（二〇二〇年三月二四日 記者団への応答）での開催にこだわっていた。その後の感染状況のなかで、世論はもちろん組織委内部からも無観客を求める声が高まっていたものの、幹部らは政府の意向を無視できなかったという（朝日新聞、二〇二一年七月一六日）。その後、一都三県（二〇二一年七月八日）、六都道県（二〇二一年七月一〇日）とぎりぎりになって「無観客」での開催地が拡大されてきたわけだが、直前二〇二一年六月二一日の五者会議はむしろ会場の収容定員の五〇％以内、上限一万人と原則で有観客の方針を発表するなど、議論は二転三転を繰り返していた。

この五者会議の決定に対しては、その直前に尾身茂ら専門家が「無観客が望ましい」と主張していたこともあり、二〇二一年六月二二日の社説で「科学置き去りの独善だ」（朝日新聞）、「安全軽視の無責任な判断」（毎日新聞）、「なし崩しの拡大許せぬ」（東京新聞）と、各紙が一斉に批判している。

　しかし、他方で読売新聞は、同じく六月二二日の社説で、東京大学などの研究チームが「会場から飲食店などに立ち寄らずに帰宅する人が増えれば、観客数を減らすのと同等の効果があるとの分析結果を公表」したことを紹介する。また、無観客の決定を「大失態」とし、あくまでも方針変更を求め続ける産経新聞も（二〇二一年七月九日主張、七月二五日）、有観客開催を求める際には、その論拠として文科省が理化学研究所のスーパーコンピューター「富岳」を用いて行った感染シミュレーション（新国立競技場に一万人の観客を収容しても観客席に空席を設けてマスク着用などの対策を徹底しさえすれば新規感染者を一人未満に抑えられる）の結果を援用している（二〇二一年七月二〇日主張）。

　新聞社にとってみれば、複数存在する科学や専門知から自分たちの論旨を支持するような形でデータを選択し、論拠として示す必要がある。けれども読者からしてみれば、パンデミックのなかでメガイベントを開催する前例のない事態のなか、科学・専門知のソースが複数存在すること自体が「分断」の一つの要因と感じられたはずだ。

　一口に科学的データといっても、それが人流、ワクチンの接種状況、変異株などのような状況を初期条件や前提として設定するかによって、結果の数値や解釈が異なるのは当然である。先述の観客の有無をめぐる議論でいえば、富岳や東大チームの検証は会場内の感染対策や観戦後の直帰の徹底を前提の一つに置いたシミュレーション結果であり、尾身

らの提言はそうした人流の抑制が上手くいかなくなることも見越してのものだった。(2)

このように、新聞によって異なる科学的ソースが用いられたことは、読者にあたかも各社が都合のいいデータを用いているような印象を与え、不信感を募らせる結果を招いた可能性もある。本章第4節で見るが、ネット上では自らの立場のみを「科学的」とすることで、異なる立場の相手との対話可能性を閉ざす態度も形成されていた。

2 「応援」と「批判」の間で逡巡するテレビ

マスメディアによる五輪報道で、オフィシャルパートナーとなった新聞社と同様に重要なのが、放映権によって五輪と結びつくテレビである。テレビの情報番組では、五輪の進め方やコロナ対策に懸念を示しつつ、アスリートを応援するという姿勢を共通して見ることができる。こうしたスタンスは、他のメディアなどから批判が投げかけられることもあった。だが、テレビはその批判に自覚的であり、反論したり、報道する側も「迷い」があることを吐露するなど、批判に対して様々に対応が試みられていた。

なお、テレビ番組の収集にあたっては、五輪開催について意見が大きく割れた五月上旬から東京五輪閉幕（二〇二一年五月五日から八月八日）まで、ＮＨＫ総合、日本テレビ、テレビ朝日、ＴＢＳ、テレビ東京、フジテレビの在京六社が放映している全番組を収録、内容に応じてキーワードをタグ付けする「Max Channel model-TS」を利用し、「オリンピック」という検索で現れたものを収集した。

「アスリートを応援したい」――五輪をめぐる情報番組のスタンス

今回のテレビの五輪開催報道は、しばしばネット上で活動する言論人からの強い批判にさらされていた。たとえば二〇二一年七月二八日の「ABEMA Prime」では、テレビがこれまで反対の意見を表明していたにもかかわらず、五輪が始まると「バカ騒ぎ」するという「変節」がコメンテーターによって批判の対象とされている[3]。

だが、実際にテレビは五輪反対という論陣を強く張っていたのだろうか。じっさいにテレビ番組の報道を見ていくと、必ずしもそうといいきれないことが浮かび上がってくる。

たしかに、「報道特集」（ＴＢＳ）のような調査報道では、五輪関係者の高額人件費や弁当の大量廃棄など、五輪の組織委内部に深く切り込む姿勢を継続的に見せていた。情報番組でも、玉川徹は二〇二一年五月二四日の「羽鳥慎一モーニングショー」（テレビ朝日）で、五輪を「日本人の生命と安全を掛け金にして行われるギャンブル」と明言していたし、「バイキングMORE」（フジテレビ）の坂上忍は自らを「再延期派」とした上で、開催主体を五輪開幕後も明確に批判し続けていた。

しかし、そうした意見は少数だからこそ目立っていたといえる。むしろ、テレビの大多数の思いを総合するならば、「アスリートが気持ちよく競技できるよう応援したい」ということに尽きる。そのために、政府に国民・視聴者が納得するような開催についての説明を求めることになる。つまり、仮に政府からコロナ禍のもとにおける五輪開催について明快な説明がなされれば問題はある程度解決するのである。

したがって、基本的には開催してほしい、するべきだという前提はテレビ番組内で共有されている。そうした感情は、身近にアスリートがいる（取材対象・友人）ことや、五輪報道のために機材を揃えたテレビ関係者を知っていることで、正当化されることもある。

たとえば二〇二一年五月一一日の「スッキリ」（日本テレビ）では、五輪開催可否を問うた九八人の街頭インタビューで、五輪開催中止を求めた七〇人に対し、どのようにすれば五輪開催が可能となるかという条件を尋ねていた。あるいは、二〇二一年六月六日の「アッコにおまかせ！」（TBS）では、「通常通り開催」「観客を制限して開催」「無観客で開催」「中止」という項目で、一般市民三〇〇人を対象に、独自にアンケートをとっている。

その際、スタジオの芸能人の回答は「観客を制限して開催」「無観客で開催」のいずれかに分かれていたのに対し、アンケート回答者三〇〇人中一七五人が「中止」と回答していることが驚きをもって受け止められていた。スタジオと、中止を求める声が多数派である世論や街頭の温度差が度々可視化されたのが、この時期のテレビ番組の特徴である。ここから、テレビが一概に中止論を煽っていたとはいえないと考えられる。

だが、テレビは中止論を煽っていたわけではないにせよ、政府等の五輪開催をめぐる説明については終始批判的であった。結局のところ、「安心・安全」を保証することが困難なこの時期にあえて五輪を開催する意義を、政府が十分に説明しなかったからである（テレビ朝日「大下容子ワイド！スクランブル」二〇二一年七月二二日、田中ウルヴェ京）。

加えて、政府はどのような基準であれば五輪開催・中止を決定するか、誰に責任があるのかについて明言しなかった。こうした不信感は多くの情報番組で共有されており、一時期六割に達した中止を求める世論を納得させる説明を、開催主体が十分行っていないことが批判されていたのである（日本テレビ「スッキリ」二〇二一年五月一〇日）。

もちろん、こうした中止をめぐる「空気」についても、時期によって多少の程度の違いはある。世論調査の結果に応じて五月から六月にかけて開催中止が過半数に達していたが、六月中旬から開催が近づくにつれて、中止の世論が減少する。これは「ワクチン接種の広がり」とも、積極的賛成ではない「しょうがないなという空気の現れ」（テレビ朝日「中居正広のニュースな会」二〇二一年六月一二日、柳澤秀夫）とも解釈されていた。

だが、こうしたなか番組では、開催を前提とし、むしろ観客数や五輪会場での酒類提供の可否の問題に議論が移っていくようになる。ただ、一部の番組はそうした論点のズレが生じていることについて意識的でもあった（TBS「ゴゴスマ」二〇二一年六月二三日、テレビ朝日「羽鳥慎一モーニングショー」二〇二一年七月二日、玉川徹）。

まとめるなら、五輪の話題は常に情報番組において検討され続けるが、あまり累積的ではなかった。たしかに、日々のコロナの感染状況、ツイッター炎上、パブリックビューイング、観客数、五輪会場での酒類提供の可否、バッハ会長をはじめとするIOC委員の「気分を逆なでする」発言、開会式をめぐるスキャンダルなど、日々噴出する豊富な論点はその都度ごとに取り上げられていた。だが、このように多様な論点が日々提供されていくなかで、そもそも五輪を開催する意義という根幹の問いを深く追求していく姿勢は、あまり見られなかったのである。

「てのひら返し」?――放映権と五輪批判報道

こうしたなか、テレビは五輪の価値を肯定することが難しくなっていく一方で、「アスリート」に焦点化することで、五輪を開催する意義を見出そうとしていく。ネット記事などでは、今回の五輪報道をめぐっては、五輪開催を不安視する報道とアスリート応援報道の二律背反がしばしば指摘されていた。だが、これは五輪を開催する前から、何よりもテレビ自身によって意識されてもいた。

そのなかで、開催主体の取り組みについて批判することと、競技を応援することは別だということが強調されていく。その最も極端な例の一つが、SNSで池江璃花子《りかこ》に求めた出場辞退とそれに対する広汎な反発であった。その過程で、「アスリートには罪がない」ことが繰り返し強調され、むしろ「気持ちよくアスリートを応援する」ために、政府や東京都、IOCを批判していくという構図が成立していくようになる。

たとえば、「サンデー・ジャポン」（TBS、二〇二一年六月二〇日）でデーブ・スペクターは自身のツイートを紹介しつつ、テレビのタレントやコメンテーターが、東京五輪が始まるまでに五輪を「割り切ってスポーツとして見」ることで、「やっぱり開催してよかった！」と意見を変えるだろうと皮肉を述べた。これに対し杉村太蔵は、感染拡大への不安があることと、選手の活躍を喜ぶのは矛盾していないと強調し、番組は翌週この杉村の発言が視聴者から高く評価されていると言及した。

あるいは、二〇二一年六月二九日の「ゴゴスマ」（TBS）でも、アナウンサーの石井亮次はあくまで「オリンピックのやり方を問題にしている」のであり、それは「アスリートを応援する」ことと両立すると強調した。ここでは、五輪自体を開催主体による運営面と、アスリートらによる活躍というスポーツの面に切り分けることで、後者を肯定しつつ前者を批判することは妥当であるという主張が表明されている。この論点は五輪開催中にも提起され、石塚元章はこうしたスタンスを「てのひら返し」とみなす見方に強く反発した（「ゴゴスマ」二〇二一年八月四日）。

しかしながら、このような器用な切り分けはすべての報道に必ずしも共通していたわけではない。五輪開催が近づくなかで、「そろそろわれわれは頭を切り替えて……アスリートが安心安全にちゃんと競技できる環境を整えることに集中したいと思います」（テレビ東京「ワールドビジネスサテライト」二〇二一年七月一六日、山川龍雄）、「家でオリンピック見ましょうと今は切り替えないとまずいんじゃないか、終わってから問題は追及すべき」（テレビ朝日「大下容子ワイド！スクランブル」二〇二一年七月二二日、若新雄純）という意見も見られるなど、五輪報道における力点が変わってきたのである。開催直前になって五輪の問題点を報道し批判的な機運を高めることは、アスリートに対する適切な競技環境の提供を阻害する可能性や、五輪観戦によるステイホームの機運を損ね、感染拡大につながりうるという理由から、忌避されることもあった。

では、なぜテレビは五輪を批判しつつも、五輪開催を前提に報道を進めなければならなかったのか。そもそも、テレビ各局が五輪報道に力を入れるのは、すでに多額の放映権料を支払っているという事情が存在する。

年々巨額になる五輪やサッカーワールドカップ（W杯）の放映権料は、とてもNHKや民放一社だけで賄うことはできず、NHKと民放各局が共同でジャパンコンソーシアム（JC）を結成し、IOCやFIFAから購入している。二〇一四年の段階ですでに平昌《ピョンチャン》・東京の二大会が六六〇億円、二〇二二年北京冬季大会・二〇二四年パリ夏季大会が四四〇億円、計一一〇〇億円を支払い[4]、次に二六年のミラノ・コルティナ・ダンペッツォ冬季五輪から、三二年のブリスベン夏季五輪までの四大会の放映権を九七五億円で購入している（朝日新聞、二〇一九年一一月一五日、二〇二一年七月二八日）。

このように、放映権を先んじて購入したことで、テレビはいくら世論の風当たりが強くても、五輪中心の番組表を編成しなければならない自縄自縛状態に陥っていたのだ。

「もやもや」を抱えながら大会を迎える

したがって、テレビは五輪開催前から新型コロナウイルス感染拡大のなかで進められる五輪への批判的な報道と、五輪開催を前提としたスポーツ報道という一種の「矛盾」を抱え、その「矛盾」を解消しなければならなかった。

こうした事態について、この時期しばしば見られたのが「もやもや」という表現である「フジテレビ「めざまし8」二〇二一年五月一〇日など)。たとえば七月一六日の「Nスタ」(TBS)でアナウンサーの井上貴博は、アスリートを応援したいが、五輪自体への不信感が大きく、感染悪化の不安もあり、なおかつ来週から各メディアの五輪報道が増えるであろうことについて、自分も含め多くの視聴者も「もやもや」を感じるのではないかと語っていた。

ここで表明されているのは、アスリートを応援したいという気持ちと、大会への批判・感染拡大への懸念を区別しようとしても区別しきれないことへの違和感である。そうした「もやもや」をテレビの側も共有していたが、テレビもまた定められた五輪報道に向けて報道の基調を変えざるを得ない。ここでは一会社員としての「迷い」も同時ににじませつつ、テレビの「変節」に視聴者もまた不満を抱えるであろうことが予期されている。「てのひら返し」を否定したとしても、テレビが一貫したメッセージを発することができていないことは、送り手にも受け手にもストレスを与えていた。

特にそうした「もやもや」を強く示していたのが、NHK総合で二〇二一年七月一二日から計一六回にわたって放送された「COUNTDOWN TOKYO」である。この番組は、二人のＮＨＫアナウンサーが日々の感染状況や五輪をめぐるニュース、取材ＶＴＲを紹介しつつ、コメンテーター（元アスリート、スポーツジャーナリスト等）に意見を求める構成になっていた。

　この番組で強調されていたことの一つが、「五輪の多様な声を届ける」ということである。それゆえに、番組は「＃ＣＤ東京」というハッシュタグをつけた番組に対するツイートを募集し、それが画面下に表示されるようになっていた。そこには、五輪開催直前であるにもかかわらず開催中止を求めたり、改めて五輪開催の意義を問うたりする厳しい声もしばしば見られていた。

　このように、「ＣＯＵＮＴＤＯＷＮ」と銘打ちつつも、この番組では五輪開催への機運を大っぴらに高めていくことは困難な状況になっていた。むしろ、この番組が示していたのは開催を前提とする範囲内で、五輪をめぐる諸問題の論点を提示しておくことであったと思われる。そのため、ときには五輪を「嫌いになりそう」と訴える飲食店や、五輪中止を求める病院などが取材ＶＴＲで紹介されることもあった（二〇二一年七月一六日）。いわば、五輪に批判的な意見はＶＴＲやツイートのなかに示し、それらを受け止めつつ、開催される五輪の意義を示すことがアスリートに近い立場のコメンテーターに求められていたのである。ここには明確な役割分担があった。

こうした難しい立場に置かれたコメンテーターは、五輪に批判的な意見があることを前提にしつつ、五輪開催がほぼ避けられない状況となった開催直前において、開催の可否よりも開催に伴う「分断」を懸念していた。その処方箋として彼らが挙げていたのが「人を思うこと」や「対話」の重要性である。今回の五輪における理念「多様性と調和」に紐づけて、為末大は五輪を進めるなかで「決定的な分断」をつくらないことが重要だが、「一つ」になる必要はないことを強調した（二〇二一年七月一四日）。いわば、五輪をめぐる「分断」をいかにこれ以上拡大させず、軟着陸させていくかが語られたのである。

萩原智子は大会までに「もやもや」を解消する必要はなく、むしろ「もやもや」を抱えたまま、大会を迎えてよいのではないかと胸中を打ち明けた（二〇二一年七月一九日）。このようにして、五輪をめぐる対立は、五輪に対する心情の問題として、個人化されて扱われていくのである。

そのなかで、小学校において五輪開催可否をめぐる議論が行われていることが注目された（二〇二一年七月一九日）。つまり、五輪開催の賛否をめぐって「分断」が生じている日本社会と対比させ、五輪をめぐる議論が小学生によって行われていることは、理想的なこととされたのである。だが、中学校では開催をめぐって意見が分かれているため、五輪の話題を出すこと自体が不安という生徒の声もあった（NHK総合「首都圏ネットワーク」七月六日)。

ここに見られるのは、五輪をめぐって意見が「分断」され、顕在的に対立するというよりも、むしろ「分断」されていることがわかっているからこそ、五輪をめぐって議論することが躊躇されるという事態である。たしかに第4節で論じるように、今回の五輪については、開催可否をめぐる意見の表明や、開会式演出メンバーの過去の言動に対する問題視、アスリートに対する誹謗中傷などSNS上の動きも目立っていた。

だが、そのように表面化された意見の裏側に、「もやもや」とした五輪開催をめぐる口には出せない違和感もまた、渦巻いていたのである。このように、五輪開催に肯定的な人も含め釈然としないなか、テレビの送り手も受け手も共に、「もやもや」を抱えたまま五輪開催へと突き進んでいくこととなった。

こうして二〇二一年七月二三日午後八時以降、五輪とコロナを関係づける報道は減少し、テレビでは五輪の中継がひたすら流され続け、そのダイジェスト、アスリートの感動秘話がニュースの時間を削ってまで放送されていくことになる。五輪の中継と関連番組の放送時間について、NHKは地上波だけでも約四三〇時間(総合約二四〇時間、Eテレ約一九〇時間)、民放は総計四五〇時間超であり、いずれも過去最大である。(5)

二〇二一年八月七日の「中居正広のニュースな会」(テレビ朝日)では、「オリンピック期間中あまり報じられなかった新型コロナの今」としてコロナ対策がアイロニカルに報じられていた。このように、五輪開催に伴うコロナ対策関連報道の後景化を、テレビ局側も自覚せざるを得なかったのである。

3 週刊誌等による「五輪報道」報道

ここまで五輪をめぐる新聞・テレビの報道を確認してきた。だが、それら報道について、批判的なまなざしを継続的に向けていたのが週刊誌や雑誌のオンライン記事である。というのも、週刊誌や雑誌は五輪のスポンサーとならないことで、東京五輪について一定の距離を保つことが可能であったからだ。彼らは五輪について迫りつつも、同時に新聞やテレビといった大手メディアの五輪への報道姿勢についても着目していることに特徴がある。よって、彼らの「五輪報道」報道を見ることで、新聞やテレビの報道姿勢を別の角度から把握することが可能となるだろう。

「下世話」が「王道」を超える？——週刊誌への期待の高まり

そもそも、前節で触れたテレビの「てのひら返し」に真っ先に論及したのは、雑誌のオンライン記事であった。こうした記事は六月初頭に見られ、揶揄や懸念などのバリエーションはあるが、テレビの五輪批判報道は早晩行き詰まるのではないかという予感が高まっていたのである。[6] 先述したテレビ側による「てのひら返し」批判は、こうした見方を覆そうとした動きでもあったと理解することができる。

だが、五輪報道のなかでも最も関心を集め続けたのは、『週刊文春』であろう。渡辺直美氏を侮辱する演出案、MIKIKO氏の排除、尾身茂会長の提言潰し、森喜朗・菅義偉・小池百合子による五輪開会式への政治的介入疑惑など、衝撃的な内部告発の数々は、五輪強行による組織体内部の歪みがいかに大きいかを報道していた。

同時に、こうしたスクープがあまりにも目立つのは、新聞やテレビが東京五輪について十分な報道・検証ができていないことの裏返しでもあった。特にそれが顕著に示されたのが、二〇二一年四月一日に組織委員会から『週刊文春』に寄せられた「雑誌の発売中止及び回収」の要求がもたらした一連のやりとりである。組織委員会は内部資料を用いた『週刊文春』と『文春オンライン』の記事について、不正競争防止法違反の罪及び業務妨害罪が成立しうると主張した。そして、『週刊文春』四月八日号の発売中止と回収、三月三一日に『文春オンライン』が配信した開会式の演出案についての記事の削除を求めるという強硬な手段に出たのである。

これに対して『週刊文春』は抗議したが、編集部によるコラムでは単に組織委員会を批判するだけでなく、他のメディアの報道姿勢に対しても苦言を呈していた。編集部は、組織委の対応は、他メディアによるＭＩＫＩＫＯ氏排除についての後追い報道を止めることが目的だと推測しつつ、この件を橋本聖子組織委員会会長の記者会見翌日に報じたのは朝日新聞だけであったと指摘している。そこでもテレビが放映権を持つだけでなく、朝日新聞、読売新聞、日本経済新聞、毎日新聞の大手新聞四社がオフィシャルパートナーとなることで、メディアによる五輪の検証が困難になっていることが述べられていた[7]。

いくら『週刊文春』が衝撃的なスクープをしても、大手メディアが報道を続けなければ、人々の関心を持続させることは難しい。他メディアは渡辺直美氏の容姿が侮辱されたことを強く非難しつつも、ＭＩＫＩＫＯ氏の排除や開会式の内容に対する政治的介入については報道を控えた。他方、組織委員会が明確にメディアに対して介入する素振りを見せたのは例外的かもしれない。結果的に、多くのスキャンダルの果てに実施された開会式でも、介入によって組み込まれたパフォーマンスは、滞りなく実施されたのである。

『週刊文春』はこれ以降も、一貫して新聞等における五輪報道について関心を向け続けていた。その点から特に注目されるのが、二〇二一年六月二日の朝日新聞が「東京五輪中止社説」を出した内幕を記した記事である。朝日新聞の五輪中止社説は、オフィシャルパートナーという立場でありながら中止を求めた点が注目されたが、その社説を導いた要因が慶應義塾大学の山腰修三の朝日新聞紙上のコラムにあることが、記事では明かされている。山腰は「ジャーナリズムの不作為」という言葉で、五輪開催の是非についてメディア、特に新聞の社説が立場を鮮明にすることを強く求めていた。これに対し、ある論説委員は「いま中止の社説を書かなければ、負の遺産として歴史に刻まれる」と口にしたという。五輪開催をめぐって明確なスタンスを示さないことは、長期的な視座に立てば新聞社にとって致命的であるという意識が、こうした中止社説を導いていったのである。

だが、中止社説とスポーツ面の内容、あるいはオフィシャルパートナーの継続という対応は「全く首尾一貫していない」と批判されるものでもあった（産経新聞、五月二九日、花田紀凱）。これを裏付けるかのように、『週刊文春』は中止社説を出すにあたって朝日新聞社内が大混乱に陥ったことも記述している。論説委員から突如持ち込まれた中止社説に対して、スポンサーであることとの整合性などの観点から編集局側から異論が噴出していたのだ。しかし、社内の意見はまとまることなく、掲載が急がれることになった。

もっとも、新聞の五輪スポンサー契約と報道姿勢の関係が問題視されるのはコロナ以降に限った話ではない。たとえば二〇一六年四月一四日の『週刊新潮』は、当初、スポンサー契約を進めていた東京新聞が、当時組織委員会会長であった森喜朗によって契約から外すよう圧力を受けたことを伝えている。その理由は当時広く論議を呼んだ新国立競技場問題について、東京新聞が批判的な記事を書いたためであった（「特集「オリンピックを批判する新聞とは契約しない」中日新聞を恫喝した「森喜朗」の横暴・老害・無反省」）。

このように、スポンサー契約と、組織委員会について批判的意見を控えるという姿勢が強く結びついていることの不健全さは、週刊誌によって以前から注目されていたのである。朝日中止社説発表以前に、二〇二一年六月四日の『週刊ポスト』は五輪開催の賛否を国内公式スポンサー七一社に問い、朝日新聞社、日本経済新聞社、産経新聞社、北海道新聞社からは回答しないとの通達を、読売新聞社と毎日新聞社からは「社説で見解を述べている」という回答を引き出した。ただ、『週刊ポスト』も指摘するように、その社説でも「開催」「中止」が明確に主張されているわけではなかった。

このように大手メディアがパートナー契約、放映権などIOCとの「不平等条約」でがんじがらめになっているのをよそに、週刊誌やオンライン記事の「「下世話」が「王道」を超えてしまう」ことは、皮肉な展開であった(8)。

「なぜ五輪を開催するのか」という問いに対して、本来、主催者側が納得できる意義を説明し、それを大手メディアが検証するのが「王道」のやり方である。だが、開催意義が十分説明されず、かつ大手メディアが五輪に対する明確な態度を表明することに二の足を踏んでいる以上、運営組織内部、大手メディア内部に対しても、「下世話」な勘ぐりが生まれるのはある意味で当然であった。このような背景が、週刊誌に対し五輪に関する内実の暴露を期待する社会的背景を形成していたといえよう。

4　ネット上における反五輪感情の高まりとその帰結

マスメディアによる五輪報道が集中した二〇二一年前半は、ネット上でアスリートに対する五輪辞退要求や、開会式に関わる文化人の過去の言動に対する批判などが相次いだ時期でもあった。こうしたネット上での人々の活動はマスメディアでもしばしば取り上げられたが、そこには多くの場合、五輪に対する反対感情が介在していた。

よってこの時期のネット上において、五輪に関わる特定の個々人を批判するという行為がなぜ生じたのかを考えるためには、五輪開催の可否をめぐるネット上の議論の興隆とその変遷を見ていく必要がある。さらに、こうしたネット上の議論の形成においては、マスメディアの当該問題に関する報道が様々な形で影響していた。ネット上における反五輪感情の生成と、マスメディア報道による五輪報道は不可分の関係にあった。

たとえば各マスメディアは記事を自社サイト上に掲載するだけでなく、それをポータルサイトのニュース欄やニュースアプリなどに配信しており、また記事をＳＮＳなどでシェアできるようにリンクボタンを配置している。こうした仕組みを用いることで、ネット上ではマスメディア上の記事を参照しながら議論を行うことが可能となっている。マスメディアによる報道内容は、ポータルサイトやニュースアプリ内のコメント欄における議事設定、ＳＮＳ内での問題提起、匿名掲示板でのスレッドトピックとして用いられることで、ネット上にて五輪に関する議論が生じる際に重大な影響を与えている。

しかし、このことは単にマスメディア報道がそのまま反映される形で、ネット上の議論が成立しているということを意味しない。というのもマスメディアによる報道記事は自説を補強するものだけでなく、批判対象としても度々引用されるからだ。

もともと日本におけるネット上の議論においては、マスメディアに対する批判意識が強いことは先行研究が示しているが（伊藤昌亮『ネット右派の歴史社会学――アンダーグラウンド平成史１９９０－２０００年代』青弓社、二〇一九年）、この傾向は五輪開催をめぐるネット上の議論においても共通していた。たとえば五輪開催をめぐる様々な問題が報道されているにもかかわらず、マスメディアが総体として五輪開催を支持していたことは、雑誌メディアによる批判的報道を介する形で、スポンサー制度等に起因するものとして処理され、その主張が歪んでいるとしばしば批判されていた。

問われ続ける五輪開催の意義

よってネット上における五輪開催をめぐる議論は、マスメディアによる五輪報道が多く行われるなかで、次第に加熱していくこととなった。このことはネット上の投票サイトの結果から見ても明らかであるように思われる。

たとえばインターネット上の投票サイトである「Ｙａｈｏｏ！ニュース　みんなの意見」において、二〇二〇年二月から三月にかけて行われた五輪開催の是非を問うトピックの投票数は七万六五三六にとどまっており、特段活発なトピックというわけではなかった。ところが二〇二一年一月に行われた投票においては、票数は三五万七二五七と五倍弱に達し、一日あたりの投票数も倍増した。さらに五輪開催の是非が強く争点化された五月の投票においては、一月よりも投票期間が短縮されたにもかかわらず七二万四四五票が集まっており、この時期五輪開催の可否という問題は、ネット上において強い関心を集める議題として成立したことがわかる。(9) またこのことは「グーグルトレンド」の結果からも傍証され、「オリンピック中止」というキーワードは新型コロナウイルス感染症の影響が都市圏において顕在化した四月上旬以降、顕著に検索数が増加し五月上旬まで増加し続けていた。

五輪開催の可否という問題が、このように新型コロナウイルス感染症の影響拡大にともなうマスメディア報道に乗じて争点化したことは、この問題に対する意見が批判的なものへ収斂していったことを意味する。コロナ禍の影響が誰の目にも明らかであり、事実様々なイベントが中止に追い込まれているなかで、なぜ五輪だけは特別扱いなのかという素朴な疑問は、人々を五輪開催反対という意思表明へと駆り立てていった。よってこの時期ネット上には、五輪を推し進める主体に対する批判的意見が集約され、五輪中止を求める意見が相次ぐこととなった。たとえば上述の投票サイトにおいて、五輪を「中止するべき」と投票した人の割合は、二〇二一年二月・五月のトピックにおいてはいずれも七五％を超えているが、これは同時期の世論調査と比べても顕著に高い数字である。

二〇二一年以降、五輪開催の是非という問題系はネット上において強く焦点化され、そのなかで中止を求める意見が多数を占めるようになった。このようなネット上における五輪開催に反対する主張の拡大という現象には、先述したマスメディア報道の穏健的傾向も寄与していたと見ることができる。ネット上における五輪に対する批判的議論は、マスメディア報道によってもたらされる開催主体の説明不足によって裏打ちされていた一方で、五輪の「共催者」とみなされたマスメディアに対しても批判を向けるものであったからだ。五輪開催主体やスポンサーが、違約金や放送権に代表される利害関係によって現状の問題から目を背けていると考えられたことによって、五輪開催そのものの意義を疑い、その中止を求める議論が、ネット上に集約されていくことになるのである。

開催可否をめぐる主張の政治的争点化

ネット上の五輪をめぐる議論は、マスメディア報道に影響を受けつつも、大手マスメディアが語らないことを批判的に語るという形式を取ることで拡大していった。特に大手マスメディアが比較的穏当な意見を述べることに終始していたことは、より先鋭的な意見を持つ論者がネット上で支持を集めることに資したといってよいだろう。東京五輪の開催は前章までで論じてきたように、誘致時より疑義が突きつけられていたものであったが、コロナウイルス感染症の拡大という現象は、ネット上において五輪開催を批判的に論じるという行為をより広げていく大きな要因となった。

一方で、このネット上における五輪開催をめぐる議論の拡大は、この問題の政治的争点化によっても促されていた。コロナウイルス感染症の拡大とその対策が争点化したのち、五輪を行うか否かという問題は、与党と野党間の主要な政治的対立として立ち現れるようになったからだ。ワクチン接種の遅れや、コロナウイルス変異株の感染拡大などの問題の発生は、五輪開催に関わる人々が繰り返す「安心・安全」が実現可能かについて、様々な疑念を生み出さざるを得なかった。こうした状況は、与党である自民党・公明党の政権運営に対し攻勢を強めていた野党にとって恰好の批判材料であった。

そして、この批判は比較的開催を支持する立場にあったマスメディア上よりも、SNS上の政治家アカウントや政権に批判的な著名人などのアカウントを介する形で、ネット上にて展開される傾向にあった。たとえば、「オリンピック中止」が検索ワードとして急上昇した同時期に、「ツイッター」上では「#東京五輪は中止します」というハッシュタグを用いたネットデモが行われ、このハッシュタグが急速に拡散された。これらのデモの参加者の過半数を占めていたのは、政権不支持派に属するとみなされうる人々であった[10]。

こうした情勢下で五輪を開催するか否かの問題は、ネット上において既存の政治的対立に巻き込まれていった。このことは、この時期、政治的対立から独立した形で五輪開催をめぐる議論を行うことが、困難だったことを意味する。

たとえば医師であり、新型コロナウイルス感染症対策について活発な提言を行っていた岩田健太郎は、二〇二一年五月一〇日に自らのブログ上にて「オリンピックは開催できるか」と題し、本来五輪開催の可否は公衆衛生的観点から決定されるべきにもかかわらず、開催するか否かという二元論的構図に陥っており、「ロジカルな議論」が成立しない状況にあると懸念していた。このような医療従事者による意見の表出は、同時期の日本のネット言論空間において、五輪開催に反対するか否かが政治的意見と同一視されうるものであったことを意味している(11)。

この構図を最も露骨に映し出しているのは、この時期に五輪開催を強行しようとした政府に対し、親和的であった言論人の主張である。二〇二一年二月以降、五輪開催に対する疑念が全般的に共有されていたことはすでに触れたが、このような世論の形成は野党やそれを支援する市民団体の活動に対し批判的な、いわゆる「ネット右派」にとっては、日本政府の進める施策を妨害する問題であると受け止められた。その結果生じたのが、野党・市民団体の活動に対する直接的な批判や、カウンター運動だった。

その端的な例としては、署名活動サイト上における五輪開催の是非をめぐる左派と右派の応酬を挙げることができるだろう。二〇二〇年の都知事選に左派系候補として立候補した際に五輪開催の見直しを主張し、その後も五輪開催に対し多くの批判を行っていた宇都宮健児は、二〇二一年五月五日に署名活動サイト「チェンジ・ドット・オーグ」上にて署名運動を開始した。この運動は、新型コロナウイルス感染症拡大に伴う医療資源の逼迫と生活困窮者の増加を根拠として、東京五輪の開催中止を求めるものであったが、署名開始から二日で一八万人以上、最終的には五輪開催前に四五万人強の署名を集めた[12]。

宇都宮の主張は、ネット上において展開された反五輪言説の主要な特徴を包括していたが、それゆえこの署名運動は開催派による対抗実践を生み出すものであった。宇都宮の署名運動開始の三日後には、東京五輪誘致時のJOC会長、竹田恆和の子である政治評論家の竹田恒泰によって、五輪開催を求める署名運動が開始された。

すでに開催が決定しているイベントの開催を支持する署名運動とは一見奇妙なように思えるが、これは竹田自身が述べているように、「「開催すべき」と思う人々がいること、決して世論は開催反対で染まっているわけではないことを示す」ために行われたものであり、宇都宮による反対運動へのカウンターが目的とされていた。そこでは五輪開催が医療資源の逼迫にはつながらず、また五輪開催が人々の希望になりうるという、開催主体がしばしば発したメッセージが反復され、五輪反対派の主張が「嘘」であり、「科学的根拠」に則ったものではないという反批判が行われたのである[13]。

五輪中止を求めるエネルギーの行く末

この五輪中止を訴える主張を非科学的であり政治的企図によるものとみなす態度は、当時内閣官房参与を務めていた経済学者の高橋洋一による、日本の新型コロナウイルスの新規感染者数は「さざ波」程度との発言[14]、あるいは五輪開催に対する反対意見が反日的勢力によるものだとする安倍元首相の発言にも通底したものであった（安倍晋三・櫻井よしこ「東京五輪・習近平・総選挙――全てを語る」『月刊Ｈａｎａｄａ』二〇二一年八月号）。そしてこうした五輪開催主体と近しい人々によって繰り返された「オリンピック反対＝政治的＝非科学的」という図式は、オリンピック開催に反対する人々によって持ち出された「オリンピック開催強行＝政治的＝非科学的」という図式を反転させたものであった。

つまり、五輪開催に反対する勢力は、自らの主張がエビデンスに沿った合理的なものであり、ゆえに相手側の主張は「政治的＝非科学的」だと非難していたのだが、五輪開催に賛同する勢力はこの図式を反転し、反五輪運動を非難の対象としたのであった。こうした非難の応酬は、五輪開催の是非が政治的論争点となったことによって、次第に解決不可能な世論の「分断」、あるいは開催主体と五輪に反対する人々との「分断」を生み出したこと、そしてそのなかで「科学」が、各主体の持つ自説を都合よく補強するためのツールとして用いられていたことを意味している。

結局、五輪の中止を訴える議論は、二〇二一年四月から五月にかけてネット上で大きな盛り上がりを見せたものの、それらの意見を五輪開催主体が取り入れることはなかった。

彼らは意思決定の正しさを「科学的」に主張することで五輪の開催を強行し、五輪中止を求める議論の矛先は宙に浮くこととなった。

もちろん五輪開催の決定打となった菅首相によるG7サミット上における開催意思表明後も、SNS上などを中心に五輪開催への抗議運動は一貫して行われ続けており、ネット上に批判的意見は絶えず現れていた。だが五輪開催が誰しもの目に明らかになった時期、その開催に反対するのみでは現実を変更できないこともはっきりしつつあった。[15]「グーグルトレンド」上からも、「オリンピック中止」というキーワードに対する検索インタレストは六月以降に低下し、「Yahoo!ニュース　みんなの意見」では七月以降、五輪開催の可否に関するアンケート調査自体が行われなくなる。ではこのようなときに、五輪に反対する人々はどのような反応を示していったのだろうか。

本節の冒頭で述べたような、アスリートや開会式に関わる文化人に対する非難の集中は、このような文脈に沿って生じたと考えられる。そもそも本書で見てきたように、五輪誘致・開催に批判的な人々の言論を受け入れ、開催主体が具体的な対応策を取ったのは、問題のある発言・行為をした関係者に対し批判が向けられた場合に限られた。開催主体は、自らに向けられた五輪そのものに関する根本的批判に対しては対応を避けた一方で、五輪エンブレムの盗用疑惑や森元首相による性差別発言など、特定の個人に問題を帰すことが可能な事象については辞任・解任などの対応を行うことで、五輪開催そのものの正当性を失わせないリスクマネジメントを行ってきたのである。

これと対応する形で、五輪に反対する活動も、五輪に関係する個々人の批判へと容易に移行した。それは、五輪開催の是非をめぐり「分断」した日本社会において、反対派が開催主体に対し異議申し立てを行うことが可能な数少ない方策だったからだ。

むろん、だからといってこうした個々人への批判は、五輪反対派のすべてによって行われたわけではない。特に出場辞退要求に代表されるアスリートへの直接的な働きかけは、ネット上で広範な支持を集めたわけではなかった[16]。だが一方で、五輪開会式に関わる文化人の過去の不適切な言動が、ある日突然ネット上にて問題視され、批判とともに急速に拡散されていった理由を考察するためには、こうしたネット空間における反五輪感情の形成過程を踏まえる必要があることも明らかだろう。

たとえば開会式前々日、五輪開閉会式ショーディレクターであった小林賢太郎の「ユダヤ人大量惨殺ごっこ」発言が、約一〇年前に「ニコニコ動画」上に投稿された一九九八年当時のコント動画から発掘された際、匿名掲示板「5ちゃんねる」上にて以下のような発言が、ある投稿者によって行われている。「なんとしてでも中止させようと関係者の過去の闇を暴いていくの素晴らしいいな　関係者にはかわいそうだが政府が暴走して無理矢理オリンピックなんか開くのが悪いんだ」。この発言には、ネット上における反五輪感情が五輪に関わる個々人への批判・攻撃へと結びついていく契機が、明確に示されている。[17]

註

（1）プチ鹿島「安倍晋三前首相が「1年延期」にこだわった理由をしれっと改ざん　東京五輪関係者が〝責任逃れのラストスパート〟をかけ始めた！」https://bunshun.jp/articles/-/47917（二〇二一年九月一七日アクセス）

（2）「尾身会長ら提言 五輪無観客望ましい 入れるなら厳しい基準で」https://www3.nhk.or.jp/news/html/20210618/k10013091161000.html（二〇二一年九月一七日アクセス）

（3）「【報道姿勢】コロナ懸念の中止論から一転 メダルラッシュに盛り上がるテレビは変？ネットの極端な声に左右されすぎ？平石直之アナ＆佐々木俊尚＆中川淳一郎と考える【東京五輪】」https://www.youtube.com/watch?v=gbILZ2w3inY（二〇二一年九月一五日アクセス）

（4）日本民間放送連盟「（報道発表）２０１８年～２０２４年のオリンピック放送権の獲得について」https://j-ba.or.jp/category/topics/jba101364（二〇二一年九月一五日アクセス）

（5）時事通信「過去最大の４５０時間超　民放の東京五輪地上波放送」https://www.jiji.com/jc/

article?k=2021062101178&g=soc（二〇二一年九月一五日アクセス）、時事通信「地上波、過去最長430時間　NHK、東京五輪の放送計画」https://www.jiji.com/jc/article?k=2021062800976&g=soc（二〇二一年九月一五日アクセス）

（6）中川淳一郎「「五輪開催は人命軽視」そんな空気は日本の金メダルラッシュで一変するはずだ」https://president.jp/articles/-/46543?page=1（二〇二一年九月一五日アクセス）、「〝五輪反対〟色を強めるワイドショースタッフの本音　恐れる〝手のひら返し批判〟」https://www.dailyshincho.jp/article/2021/06060600/?all=1（二〇二一年一一月一五日アクセス）、窪田順生「「東京五輪やっぱり最高！」というマスコミの手のひら返しを警戒すべき歴史的理由」https://diamond.jp/articles/-/274194（二〇二一年九月一五日アクセス）

（7）週刊文春電子版編集部コラム「第3回　五輪組織委員会はなぜ『週刊文春』にキレたのか」https://bunshun.jp/denshiban/articles/b1156（二〇二一年九月一五日アクセス）

（8）プチ鹿島「「下世話」が「王道」を超えてしまう〝強烈な違和感〟本当の正論はどこにあるのか？」https://bunshun.jp/articles/-/44742（二〇二一年九月一五日）

（9）参照したトピックは以下の通り。「東京五輪・パラリンピック、予定通り開催すべき？」https://news.yahoo.co.jp/polls/domestic/41088/result、「東京五輪・パラ、2021年夏に開催すると思う？」https://news.yahoo.co.jp/polls/sports/42038/result、「東京五輪・パラの開催、あなたの考えは？」https://news.yahoo.co.jp/polls/sports/42325/result（二〇二一年九月二一日アクセス）

(10) 鳥海不二夫「ツイッター上で拡散した「#東京五輪は中止します」と「#東京五輪の開催を支持します」を比較してみた」https://news.yahoo.co.jp/byline/toriumifujio/20210517-00238264（二〇二一年九月二一日アクセス）

(11) 岩田健太郎「オリンピックは開催できるか」https://georgebest1969.typepad.jp/blog/2021/05/オリンピックは開催できるか.html（二〇二一年九月二一日アクセス）

(12) 宇都宮けんじ「人々の命と暮らしを守るために、東京五輪の開催中止を求めます」https://www.change.org/p/人々の命と暮らしを守るために-東京五輪の開催中止を求めます-stoptokyoolympic（二〇二一年九月二一日アクセス）

(13) 竹田恒泰「人々の夢と希望をつなぐため、東京五輪の開催を支持します」https://www.change.org/p/トーマス-バッハ-人々の夢と希望をつなぐため-東京五輪の開催を支持します（二〇二一年九月二一日アクセス）

(14) 高橋洋一 https://twitter.com/YoichiTakahashi/status/1391207118502383621（二〇二一年九月二一日アクセス）

(15) 鳥海不二夫「ツイッター上のオリンピック反対派はどのような人たちか」https://news.yahoo.co.jp/byline/toriumifujio/20210705-00246193（二〇二一年九月二一日アクセス）

(16) 鳥海不二夫「池江璃花子選手への五輪出場辞退要請は誰が行っているのか」https://news.yahoo.co.jp/byline/toriumifujio/20210510-00237084（二〇二一年九月二一日アクセス）

(17) 「【速報】東京五輪・開閉会式ディレクター小林賢太郎「ユダヤ人大虐殺ごっこ」「ホロコース

トいじり」をしていた」https://leia.5ch.net/test/read.cgi/poverty/1626873967/409（二〇二一年九月二一日アクセス）

第5章

海外はどう見たか
パンデミックのなかの東京五輪

安ウンビョル／潘夢斐／
サム・ホールデン

閉会する東京五輪
［国立競技場、2021年8月8日、写真提供：共同通信社］

アジア初のオリンピックであった一九六四年の東京五輪の成功感覚は、海外からのまなざしなしには成立しないものであった。二度目の東京五輪もまた、「国際社会」のまなざしを前提しないと成立するものではないことは最初からわかっていた。それは、大災害から見事に復興し、長年にわたる経済停滞が終わったと海外に向けて宣言し、東アジアの政治・経済・文化の重心が中国に傾くなかで、なお日本の健在ぶりを海外に再確認させる機会となることを期待されていたのだ。

しかし、実際には、東京オリンピックは思いもしなかった不幸に巻き込まれ、予想とは全く違う意味を持つことになった。日本としても世界としても想定外となった、史上初の「パンデミック下の大会」は、海外からの目にはどのように映っただろうか。その渦中、海外メディアではいかなる言説が生産されていたのか。本章では、三人の著者がそれぞれ欧米、韓国、中国の主要メディアの関連報道を分析し、東京五輪が国際的な文脈の中で持つ意味を考察する。

1　欧米から見た東京五輪――色濃くなるオリンピック疑念

　まずは、欧米の主要紙の一般記事と意見記事を取り上げ、東京五輪をめぐる報道から浮かび上がる国際的な論点を整理してみよう。肯定的な報道も行われたものの、ここでは批判的なものへと目を向けたい。実際、アメリカ、イギリス、ドイツの有力新聞や雑誌では、五輪や国際オリンピック委員会（ＩＯＣ）のあり方、そして開催国日本の対応を問題視する記事が目立つ。こういった報道は、日本の対外的な目的がコロナ禍によっていかに挫折していったかを語るとともに、東京五輪が世界においてメガイベントに対する考え方の転換を加速させる可能性を示している。

開催決定当時の報道――日本経済の再生の兆しか

　石原慎太郎都知事（当時）らが「復興」という言葉を東京五輪の招致活動の中心に据えた戦略は国内からの理解とＩＯＣの支持を固める目論見であったが、対外的には、震災復興よりも日本全体の前向きなムードの復興、すなわち「日本経済の再生」の象徴として持つ意味のほうが重要だった。二〇一二年一二月に就任し、日本経済を成長の軌道に戻そうとする大胆な経済政策「アベノミクス」を打ち出していた安倍晋三首相（当時）は、東京大会の開催権が決まった二〇一三年九月七日のＩＯＣ総会後の記者会見で「一五年続いたデフレ、縮み志向の経済を、オリンピック開催決定を起爆剤として払拭していきたい」と語った。その言葉からも窺《うかが》えるように、東京五輪は日本に付き纏うネガティブなイメージから脱却する機会として捉えられていた。

　この狙いの通り、開催決定のニュースは多くの媒体で日本経済の再生の兆しとして伝えられた。当日の『ニューヨーク・タイムズ』の記事は開催決定に対する日本国内の反応について「長年の経済的、政治的衰退から脱却し、二年前の震災、津波、原発事故の困難を克服するための日本の尽力が国際的に認められたとして歓喜の声があがった」と述べ、同じ記事でさらに、「中国に凌駕されていく日本の自信を取り戻すという安倍首相の方針が肯定されたと受け止められた」と解釈している（二〇一三年九月七日）。

『ニューヨーク・タイムズ』は福島第一原発の課題を指摘する関連記事も同日に掲載した。しかし震災復興というコンセプトに懐疑的であるこの記事も、一九六四年の大会を引き合いに出しながら成長戦略における五輪の重要性を強調しており、「日本の首都にとって、オリンピックの開催権を獲得する絶好のタイミング」で、東京五輪は「日本のムードを明るくし、消費者支出を刺激させ」、日本経済の再生に貢献するはずだとしている。

イギリスの『エコノミスト』は日本の財政悪化の懸念を示しながら、二〇一六年五輪の開催都市立候補のときよりも委員会と国民の熱情が伝わったことを評価し、「今のところは、安倍首相が日本の輝かしい首都を、再び世界の舞台の中心に戻したといえるだろう。そして五輪開催は彼の成長戦略に必要な刺激なのかもしれない」と見込む（二〇一三年九月一四日）。また、『ガーディアン』のＩＯＣ総会当日の記事は、東京の招致団が前年に開催された「ロンドン五輪の情熱と興奮を再現」し、同じ先進国のグローバルシティーとしてコンパクトな大会とイメージ向上を目指していると説明した（同年九月八日）。

五輪で浮かび上がる日本の構造的な問題

このように日本の技術力、イベント実行力、観光資源、活気を取り戻した経済、そして日本人の「お・も・て・な・し」を世界に見せる機会として期待された東京五輪は、パンデミックの襲来によって完全に転覆させられた。アベノミクスの構造改革とのセットで「新しい日本」を海外にアピールするための一大イベントはむしろ、二〇二〇年春から二〇二一年夏にかけてコロナ禍による混乱と不祥事の連鎖が報道されるなかで、男女格差、マイノリティへの差別、世代間格差、官僚主義など、長年欧米のメディアから指摘されてきた日本社会の構造的な問題をさらに鮮明にさせたといえるだろう。

開会式前日の『ワシントン・ポスト』の見出しは、小林賢太郎の解任に対する欧米のメディアの反応を代表するものだった。「ホロコースト揶揄を受けての解任は日本のエリートの実態を暴露するスキャンダルの最新の例だと批判が相次ぐ」と題された記事のなかで、森喜朗元首相、佐々木宏、小山田圭吾といった五輪関係者の辞任の理由も解説され、麻生太郎などの過去の問題発言と並べられ、「国際的な注目が集まるなかで男性のリーダー（による発言）の暴露が、普段日本社会でこういった態度や行動が容認されている事実を物語る」と国際人権NGOの幹部のコメントが紹介された（二〇二一年七月二二日）。各紙は開会式に向けて掲載した記事で、準備期間中に炎上した問題を振り返り、それらが日本に恥をかかせながら根強い社会問題を表していることについて言及している。

『ロサンゼルス・タイムズ』は、日本の世代間格差と官僚主義に焦点を当てる記事を掲載した。開会式直前の記事は菅首相が国会討論で一九六四年の懐かしい思い出を語ったことに触れ、五輪は非正規雇用が広がるなかで将来に希望が持てない若い世代に「首相が思うスリルや感動を与える瞬間にならないだろう」と述べた。さらに同紙は、八三歳の森喜朗元首相の女性差別発言を受けて辞任を求めるキャンペーンを実施した若い政治活動家のコメントなども紹介した（二〇二一年七月二〇日）。八月八日に掲載された記事では、「七〇ページを超えるいくつものプレイブックには各種の制限が細かく記されており、空港に到着した人たちは何時間も並びながら必要書類やアプリをこなす必要があった」と自身の経験を振り返った記者が、日本のイノベーションを世界に披露するはずだった五輪は、来日者に「先進的な技術ではなく、紙の書類の山、不具合だらけのアプリと適応能力のない官僚主義」を印象として残すだろうとしている。縦割り行政がワクチンの出遅れや大会期間中の混乱を引き起こした背景を指摘し、大会が「日本の強みと長所ではなく弱みを目立たせる結果となった」と解釈した。

コロナ禍の混乱でＩＯＣや政府に振り回される東京都民

欧米のメディアが五輪開催で浮上した日本社会の問題点を指摘する一方、未曾有のパンデミックに見舞われるなかで、楽しみを奪われ、リスクとコストだけを背負う東京都民が置かれた不幸な状況に同情を示し、そしてその状況を生み出したＩＯＣと政府の構えを咎める報道も多く見られる。

『ガーディアン』の特派員が開会式を迎える七月一八日の一般記事で「たとえＩＯＣであっても、これほど懐疑と恐怖が増しているなかでの開催は強行しないだろうと考えていた人たちは結局、数十億ドルの放送権収入を確保しようとする組織としての決意を見くびっていた」と述べ、以下のように続ける。「世論調査では国民の多くが一年の再延期か中止を望んでいたにもかかわらず、組織委員会、そして開催を拒否する力がないと実質的に認めた菅義偉首相に支えられながら、ＩＯＣはまっしぐらに突き進んだ」

ドイツの『デア・シュピーゲル』でも七月二三日の記事で五輪を「悲しみの大会」と名づけ、ＩＯＣ、スポンサー、そしてアメリカの放送権者の利益のために東京が犠牲を払っていると主張した。すなわち、「コカ・コーラとの広告契約だけで、二〇三二年までにＩＯＣは最大三〇億ドルの収入を見込んでいる。ＩＯＣだけでなく、各オリンピック競技の国際連盟が生き残るため、このお金に依存している。したがって、コストがいくらかかろうとも、オリンピック開催は貫徹される。……ＩＯＣは事実上、道徳的に破綻しているのだ。現在の形はもはや時代遅れであり、ますます多くの人々が五輪を見限っている。東京はオリンピック理念の墓標となりそうだ」と厳しく批判したのだ。ＩＯＣが開催都市の市民よりもスポンサーや放送権者の都合を優先することはずっと以前から批判を浴びていたが、コロナ禍のなかの強行開催はこの構図をさらに明らかにしたといえるだろう。

国民の多くが開催に反対していることも欧米のメディアで広く報道された。七月一七日の『エコノミスト』に掲載された記事は、曇りの駒沢オリンピック公園に聖火が到着するシーンで始まる。リレーのランナーを迎えた反対デモと、聖火を「暗闇のなかの光」として見る応援者の対照を描きだし、「大会をきっかけに一致団結するどころか、日本は分断

五輪開催費用

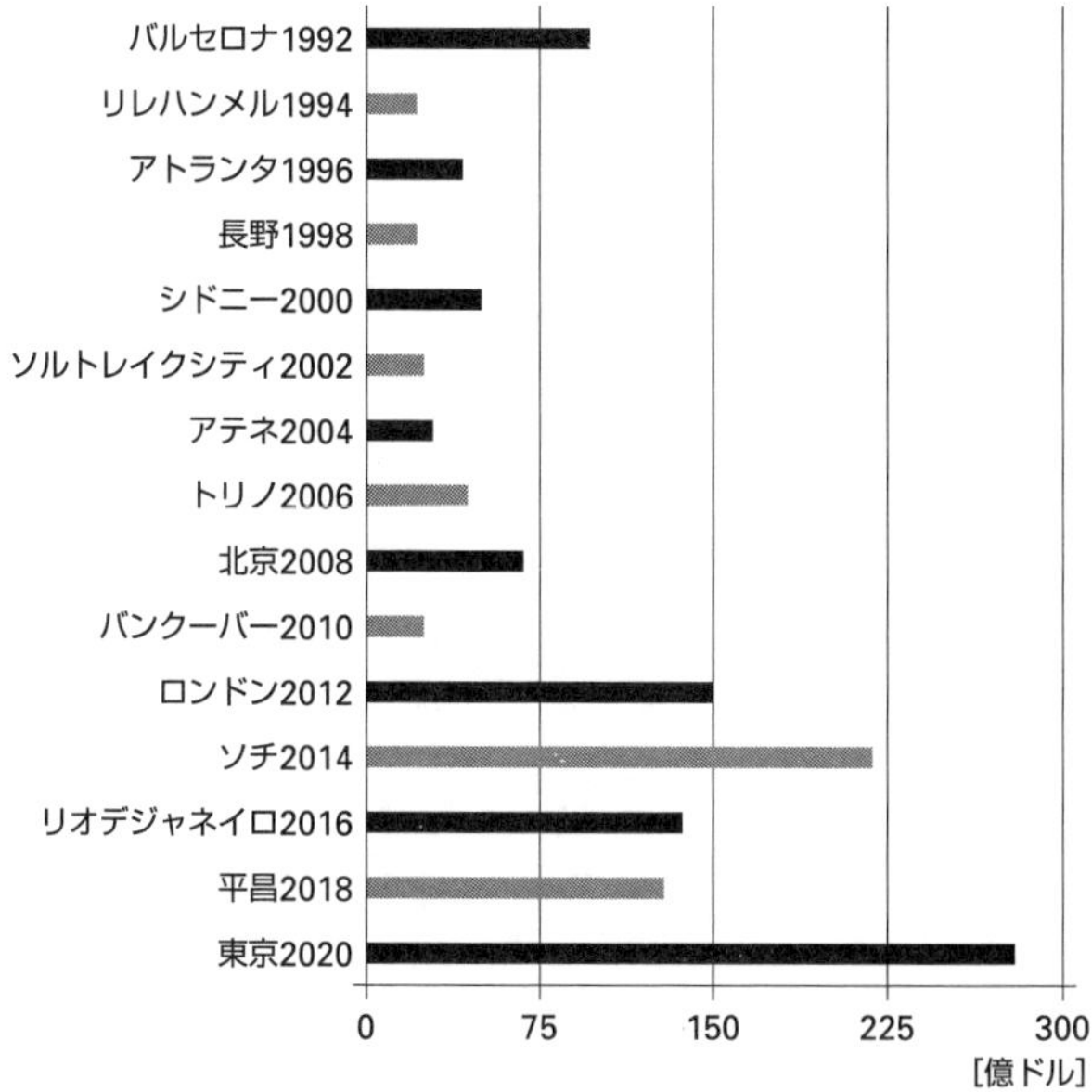

（Forbes.comの図をもとに作成。出所：朝日新聞、日経新聞、Flyvberg et al.）

に追い込まれている」と解釈する。アメリカの『ザ・ニューヨーカー』誌の七月二三日のウェブ記事では、「今、不評の政策とスキャンダルとに煽られて、街の雰囲気は怒りと諦めのあいだで揺れ動いている。市民のほとんどが望んでいない大会を菅義偉首相が熱心に宣伝するなか、飲食店は営業時間とアルコールの提供が制限され、空虚に響く安全の約束はこの上なく耳障りだ」と東京在住の記者が述べている。

　経済面の理由からも、五輪

は批判の的になった。「東京五輪の驚くべき値段の歴史的位置付け」と題した記事で開会式を迎えた『ウォール・ストリート・ジャーナル』（七月二三日）をはじめ、多くの媒体は東京２０２０五輪の開催費用が予算を大きく上回り、史上最高額となったことを報道した。七月二一日に『フォーブズ』誌のウェブ記事に掲載されたグラフは、一九九二年以降の開催費用が右肩上がりの傾向にあることを表している。

二〇一二年のロンドン五輪以降、より顕著になった開催費用の増加傾向には疑問が寄せられている。費用面が著しく増え、開催都市が大会の負担と引き換えにそれ以上の経済効果やインフラによる生活向上を享受できるという、かつての五輪の方程式は合わなくなっていた。無人のスタジアムが文字通り高額なセットになってしまった東京五輪は、ただでさえ利害が相反しているＩＯＣと開催都市のいびつな関係を露呈させたのである。

五輪懐疑論の追い風になった東京大会

こんな東京の不幸な経験を踏まえ、ＩＯＣの改革やオリンピックの廃止を求める五輪懐疑論の記事も大会期間中に多数見られた。閉会式の八月八日にアメリカの『アトランティック』誌に掲載された記事は、「オリンピックはもう魅力を失った」という見出しのもと、「浪費、汚職、独裁政権と一層切り離せない国際的なスペクタクルになった」という副題でこの問題へのスタンスを明確に表していた。

この論調でオリンピックやサッカー・ワールドカップを批判する報道は、この一〇年で珍しくないものになった。近年のメガイベントのマイナス面や国際スポーツ組織の深刻な汚職問題が明らかになるなかで、世界の共通言語である英語の言説空間では、五輪のあり方やメガイベントによる開発主義を批判する懐疑論が活発になっている。学術研究においても、現代の五輪が維持可能ではないこと（Müller, M., Wolfe, S.D., Gaffney, C. et al. "An evaluation of the sustainability of the Olympic Games". *Nature Sustainability* 4, 340-348.）、一九六〇年以来、すべての五輪の実費が予算を上回るメカニズムを解明する論文などが発表されている（Flyvbjerg, B., Budzier, A., & Lunn, D. "Regression to the tail: Why the Olympics blow up". *Environment and Planning A: Economy and Space*, 53(2), 233-260.）。

上述した通り、東京大会の招致団は成功事例としてみなされたロンドン五輪の再現を当初の目標として挙げていた。しかしその後、二〇一四年にブラジルで開催されたサッカー・ワールドカップと一六年のリオ五輪の後、費用が開催都市の財政を圧迫し、社会の格差や不安定を引き起こしながら多くの負の遺産を残したという批判が相次ぎ、経済発展の道具としてのメガイベントの有効性について疑念を生じさせた。

さらにロシアでも、関連インフラや闇に消えたお金も含めて費用の総額が五兆円に上ったとされる二〇一四年のソチ冬季五輪と二〇一八年のワールドカップの際にも汚職などの問題に注目が集まった。これらのメガイベントの準備を進めている間に、ウクライナを侵略し、LGBTに対する弾圧を強めたプーチン政権の独裁的な姿勢を黙認するIOCと国際サッカー連盟（FIFA）が欧米で広く批判を浴びた。そして、香港のデモの鎮圧や新《しん》疆《きょう》ウイグル自治区での人権侵害を受けて北京オリンピックのボイコットを呼びかける声も浮上した二〇二〇年以降、政治中立性を保つため人権問題に関与しないとするIOCの姿勢は、人権や自由を尊重するオリンピック憲章の理念から乖離しているのではないかと指摘されている。

二〇一九年の夏、「NOlympians」と自称する活動家が世界中の過去とこれからの五輪開催都市から東京に集い、「初めての反五輪のグローバルサミット」を開いた。(1) これは各都市における反五輪の活動がもはやそれぞれの場で大会がもたらす影響に抗議することにとどまらず、国際的に連携し、IOCの組織かつオリンピックそのものの廃止を目指していることとの証しだろう。コロナ禍が追い風となり、日本社会の転機として構想された東京五輪は思いの外、オリンピックそのものの歴史的な節目になるかもしれない。

政治学者のジュールズ・ボイコフは、開会式直前の七月二二日に『ロサンゼルス・タイムズ』に掲載された意見記事で七年後にオリンピックを控えるロサンゼルスの市民に向けて警鐘を鳴らした。「東京大会の不幸は、開催都市の市民の意思を尊重しない、専門家からの不都合な意見を聞かない、何よりも自らの利益を最優先するＩＯＣの姿を露呈させた。オリンピックは民主主義を阻害し、大惨事になるリスクが大いにある」。英語のメディアで反五輪の学者として頻繁に引用されるボイコフは、二〇二〇年三月、二〇二一年五月にも『ニューヨーク・タイムズ』にパンデミックのリスクを軽視するＩＯＣと日本政府を強く批判する記事を寄稿した。

同日の『ガーディアン』にも、同様の意見記事が掲載された。オリンピックの歴史を専門とするデービッド・ゴールドブラットは、ＩＯＣを「グローバルスポーツ業界の巡業サーカス」と冷やかしながら、東京大会の問題が近年のメガイベントで見られる高額な費用、経済にもたらす影響の不平等、環境負担と関連していることを指摘し、オリンピックの廃止を要求したのである。そして、二〇二四年のパリ五輪を最後に、「ＩＯＣは解散し、その資産を民主的に構成された新しいグローバルスポーツ組織に受け渡すべきだ。ロサンゼルスは大会を失うが、（ＩＯＣの腐敗の物語は）きっといいハリウッド映画になるだろう」と述べた。こうして一八九六年に欧米で始まった近代オリンピックのおとぎ話は、今や終焉への道を進み始めたのかもしれない。

2　韓国からのまなざし――平昌という兆候

東京五輪を「東アジアにおけるオリンピック」という側面から捉えた場合、韓国は東京で開かれた二度の五輪とそれぞれ切り離せない関係にある。一九八八年のソウルは、一九六四年に上演された「暗い廃墟から明るい先進国への跳躍」というドラマの続編が二四年ぶりに再演された場所である。そしてその三〇年後の二〇一八年には、韓国は平昌冬季五輪を開催することで、東京五輪から二〇二二年の北京2022冬季五輪へと貫かれるはずだった、アジアでのＩＯＣの五輪興行の弓が最初に引かれた場所ともなっていた。

東京五輪に対する韓国からのまなざしについて考察するための資料として、紙面記事の総合的な検索が可能なシステム（韓国言論振興財団が運営するニュースビッグデータ分析システム「BIGKinds」）に基づき、東京五輪をキーワードにして検索された記事（主に意見記事）を取り上げた。基本的に、『朝鮮日報』『中央日報』『東亜日報』（以上、保守的な論調として分類される）と、『京郷新聞』『ハンギョレ』（以上、左派的な論調として分類される）、そして『韓国日報』（「中道」といわれる）の六紙を対象とした。それ以外にも適宜、各新聞社が発行する週刊誌と月刊誌の記事も併せて検討した。

招致当時の報道——「強い日本」の布石としての五輪

二〇一三年九月、ＩＯＣ総会で二〇二〇年夏季五輪の開催地が東京に決まった当時、韓国の主要紙は「朗報」と祝いながらも、「思う存分祝うことのできない理由」や「日本が七年間すべきこと」などの表現で「懸念」を報じた。この懸念は次の二つに焦点が当てられていた。一つは、首相による招致プレゼンテーションで「アンダーコントロール（コントロールされている）」と答えられたが誰も信じなかった、福島第一原発の汚染水問題だった。もう一つは、「安倍政権にとってもう一つの好材料」が韓国、または朝鮮半島・東アジアに及ぼす政治的な影響だった。

後者の懸念は、『ハンギョレ』では、「集団的自衛権確保のための憲法解釈の変更」、さらに「慰安婦など歴史問題や独島（竹島）など領土問題においても、以前よりも保守化・右傾化する（可能性）」に言及するなど、強い「意見」として示されている（二〇一三年九月八日）。また『京郷新聞』の特派員コラムは、当時社会問題化していた在特会（在日特権を許さない市民の会）の「反韓デモ」に触れながら、「平和の祭典であるオリンピック開催地で、ゼノフォビアが横行する光景は見苦しい」と論じた（同年九月一一日）。

つまり、韓国で東京五輪の招致ニュースは、何よりも「安倍首相に翼をつけること」と考えられ、それが彼の右に傾いている政治路線に力を添える結果につながり、東アジアの政治的な不安を高めると解釈されていた。そのような不安を伝えるのは新聞論調の左右を問わないもので、たとえば『東亜日報』は社説で「日本は二度目の夏季五輪開催をきっかけに、韓国と中国に気を遣うべきだ」と指摘した（二〇一三年九月九日社説）。

「安全を脅かす」復興・コロナ五輪

韓国の主要紙で東京五輪に対する「まなざし」が本格的に表れ始めたのは、二〇一九年の七月からである。それはもともとの開催までちょうど一年を控えていたことだけではなく、当時日韓間の貿易紛争により、「日本問題」に対する社会的関心が深まっていたことも同時に作用したと考えられる。

その時期、五輪に関する多くの意見記事は、まだ解決されていない汚染水と放射能の問題に焦点を当てながら、貿易紛争の相手としての日本も併せて批判している。たとえば二〇一九年七月三一日の『韓国日報』には、「安倍の五輪」という題目で、東京五輪が期待どころか懸念だけを増しているという特派員コラムが掲載された。そこで特派員は、原発事故も「放射能恐怖」も現在進行中であると指摘し、同時に日本政府がホワイト国から韓国を除外するというカードを取り出して隣接国家を「攻撃」していると書いた。

これらの記事でよく見受けられるのは、東京五輪が「復興五輪」を掲げていたこと、つまり五輪を「福島」と結びつけようとする動きに対する警戒である。たとえば『韓国日報』の「東京五輪か、福島五輪か」という論説は、「今からでも……東京五輪を正常化するには、安倍首相と日本政府はもう「福島」を諦めるべき」だと警告している（二〇一九年八月一九日）。

それらの記事における批判の論理は、選手村に福島産食材を供給するという発表に対する問題提起など、暫定的なイベント参加者（とりわけ「自国民」）の安全の問題から組み立てられている。つまり五輪の建前の理念のために被災地を引き入れるという欺瞞や日本社会の構造的問題を指摘する論理ではないのだ。言い換えれば、東京五輪で掲げられた「復興」は、少なくとも韓国の言説空間では、このイベントの「危険性」を表すキーワードとして登場していた。復興という言葉が何より「福島」と結びついて、「放射能」や「汚染水」問題を喚起させ、「日本とIOCが人々の安全を担保にして危険な五輪を強行しようとしている」という批判を成立させていた。

二〇二〇年二月、新型コロナの流行が始まり、大会の中止や延期が論じられ始めた時点からは、それまでの「放射能、汚染水」という危険要素に「ウイルス」が加えられた形で、このような論調が繰り返されるようになる。たとえば『京郷新聞』の特派員コラムは、新型コロナの拡大とまだ収束していない原発被災地の状況を並列しながら、それらを無視して五輪を強行しようとすることを「日本のアンダーコントロール神話」だと批判している（二〇二〇年二月二五日）。つまりそれまでは「福島」との関連のなかで登場した「このまま五輪を開催して本当に大丈夫なのか」という心配げな報道が、新型コロナウイルス感染症の問題とともにさらに強力になり、反論しにくい論理で登場していたのだ。

しかも日本の新型コロナ初期対応は、その感染拡大が横浜に停泊していたダイヤモンド・プリンセス号から始まったこと、その内部の感染者を日本国内の感染者と分離して数えたことも重なり、海外から「何か裏がある」という疑惑の視線が芽生えるのに適していた。たとえば『朝鮮日報』の論説委員は、「(下船した感染者数が「日本感染者数統計」として集計されることが）五輪を控えた日本のイメージを傷つけるのではないかと心配しているようだ」と指摘した（二〇二〇年二月一四日）。

その後延期が確定するまで、韓国の主要紙は一貫して日本政府の態度が疑わしいと論じていた。もちろん「五輪を気にして感染検査にわざと消極的だ」という「隠蔽論」は、ツイッターやユーチューブで盛んに取り上げられただけで、正式に報道されたわけではない。ただし、延期の公式発表以降、感染者が大幅に増加し、首都の封鎖の可能性まで言及されるなど、東京が突然騒がしくなったとの報道が相次いだ（『ハンギョレ』二〇二〇年三月二六日）。

　また、この時期の記事では、日本政府や開催主体だけが批判されるのではなく、「メディアが五輪取材で不利益を受けないように、東京五輪組織委員会の顔色をうかがっている」「五輪開催に冷水を浴びせる報道を自制することを望む気流が強い」など、誰もまともに問題提起しないという言論の問題も指摘された（『中央日報』二〇二〇年二月二五日）。

退屈なカウントダウン――名分のない五輪、能力のない日本

　三月末、五輪の一年延期が確定すると、五輪関連の報道は断続的になった。それが再び著しく増えるのは、二〇二一年三月からである。まず、東日本大震災から一〇年を期して企画された記事（被災地でのルポや専門家インタビュー、社説など）の多数が「震災はまだまだ続いているのに、日本政府は「復興五輪」を掲げてすべての問題が終わったかのように見せかけている」と批判した（『ハンギョレ』二〇二一年三月一〇日社説）。

　その後、開催が近づくにつれ増える関連記事は、日本国内で五輪強行に反対する世論が強いという一般報道と、「五輪は果たして誰のために開かれるのか」など、懐疑に満ちた意見記事とに分けられる。注目すべきは四月六日の、北朝鮮の五輪不参加宣言後の反応で、韓国のほとんどの新聞で、二〇一八年の平昌のときのように五輪を東アジアの平和を演出する機会にしようとした文在寅《ムン・ジェイン》政府の構想が外れたと指摘された。いつも朝鮮半島問題を

めぐって極端な対照をなす『ハンギョレ』と『朝鮮日報』はそれぞれ社説を通じて、『ハンギョレ』は「遺憾」を示し(二〇二一年四月六日)、『朝鮮日報』は「文在寅政府は、これからは北京冬季五輪にくっつく番だ」(同年四月七日)と冷やかした。

ところがこの件は韓国の言説空間で北朝鮮や日中をめぐる二つの極端な立場を示すにとどまらず、「東アジアにおいてあまり名分のない五輪」という論調をさらに強める根拠となった。たとえば四月七日『韓国日報』の「コロナ五輪の名分」というコラムでは、パンデミックのなか、ただでさえ「辛うじて」開催される五輪なのに、「北朝鮮高官の訪問をきっかけに対話の場を設け、「第二の平昌五輪」という興行につなげようとしていた日本の青写真も難しくなった」と論評されている。

五月になると、五輪に対する懐疑的な論調はさらに強まり、特に五月二六日、朝日新聞が社説を通じて五輪開催に反対を表明したことは韓国の新聞でも特筆された。主要スポンサーまで背を向けているにもかかわらず五輪強行に突き進む日本の様子をめぐり、韓国の諸新聞のオピニオン欄は「それにもかかわらず、この日のために五年も待った選手がいるので、五輪は開かれるべきだ」という賛成論もあったが、大半が「不条理で無理な強行だ」という視線を共有していた。

六月以降、開催そのものは確実視されていくなか、韓国の主要紙は「未だ準備が整っていない五輪」に対する不安を伝えた。その不安のまなざしの根底には、それまで一年強のコロナ禍のなかで顕在化した日本の社会システムそのものに対する不信が色濃く出ている。たとえば次に引用する『中央日報』の特派員コラムからは、状況をコントロールする「能力」をまったく備えていない日本像がうかがえる。

先週入国したウガンダ選手団のなかで二人目のコロナ感染者が出た。最初の感染者が出た後、三日も経ってから飛行機で周辺座席に座っていた選手八人を「濃厚接触者」に指定するなど、防疫は後の祭りだった。しかし、外国選手のせいでコロナが拡散するのではないかと不安だというニュースが出ている。問題は外国人選手ではなく、五輪を開催すると言いながら、感染者を判別することも隔離することもできない三流防疫システムなのに。（『中央日報』二〇二一年六月二五日）

記者は続いて、この大会を発車の準備ができていないバスにたとえ、「日本政府はひとまず走りながら対策を講じる方針だ」と警戒する。何が本当に問題なのかもわからないいま五輪号を出発させようとする日本の「せわしなさ」を指摘しているのだ。

開閉会式報道――日韓間「逆転」という物語

ようやく開会を迎えた七月二三日の翌日、韓国の言説空間で最も話題になったのは、開会式そのものではなく、韓国の準公営放送MBCの問題含みの開会式中継に関するものであった。一部の参加国の紹介に不適切な画像や説明文を使ったことがまずSNS上で問題視され、次に国内・海外のメディアから非難が殺到し、放送局の社長が謝罪するほどの事態に炎上した。この話題を除くと、開会式自体に対する評価は概して「暗くて退屈だった」「驚かせるところがなくてがっかりした」など、欧米新聞やジャーナリストの酷評を引用したものが主だった。

ただし開閉会式と関連し韓国の報道で特筆すべき点は、そのまなざしや語りに「二〇一八年の平昌と一九八八年のソウルを作った我々」という共通の想像的観覧席が設定されていたことだった。たとえばKBSは開閉会式の解説者として平昌五輪開閉会式の総監督を務めたソン・スンファン（俳優・舞台演出家）を招き、彼の現地での中継を通じて自然に東京と平昌を比較して見るように誘導した。

そのなか、ネットメディアで記事化され、SNSで話題となったのが閉会式中継時の次のような発言である。「私たちの世代は日本に追いつこうと努力していた世代でした。しかし、今回ここに来て感じたのですが、すでに追いついたと思うし、特に文化芸術的な領域においては、韓国がはるかに追い抜いたと思います。今後も、私たちの若い世代がより遠く、より高く前進することを望みます」

このように「文化面において過去に日本に憧れた私たちが、今や日本を追い越した」という語り口は、開会式の翌日『ハンギョレ』に掲載された「華やかだった「ギンギラギン」の時代の日本は終わった」と題するコラムにも登場し、そのオンライン版がSNSで話題を呼んだ。筆者のキム・ドフン（元ハフィントンポスト・コリア編集長）はここで、一九八〇年代末、近藤真彦に代表される日本の華やかな大衆文化に胸が痛むほどの憧れを抱いた地方の少年だった過去の自分と、五輪に関するニュースに映る「劣る日本」を見ている現在の自分を対照する。そして以下のように語っている。

誰も日本のドラマを見て東京にあこがれを抱いたりしない。中年以上の韓国人は依然として日本に対して妙な劣等感を持っているが、新しい世代にはもう劣等感はない。彼らはすでに追い越しの時代を生きている。（『ハンギョレ』二〇二一年七月二四日）

多分に開会式のタイミングを狙って掲載されたと思われる本コラムは、和訳もされて日韓両国のネット上で話題を呼んだ。そのなかでは、筆者が不必要な挑発をするという非難も多かったが、それを含めて記事に対する熱い反応は、開会式を見ていた韓国人の目に「失望」以上の何かがあったことに気づかせてくれる。それは東京五輪の開会式があまり面白くなかったためにむしろ面白くなる感情、つまりある種の「優越感」である。

「東京五輪の開会式以降、ユーチューブにある平昌五輪の開会式の動画を見る人が増えた」という記事も登場した。たとえば七月二六日『朝鮮日報』はオンライン版記事で、「拍子抜けした開会式に失望した世界の人々が平昌を訪れた」とのタイトルで動画のビュー数の爆発的な増加と、「Way Better than Tokyo」など、コメント欄の反応を伝えた。

八月一〇日には『朝鮮日報』の紙面にも似たような記事が掲載されるが、そこではさらに見直されるオンライン巡礼地の終着地が平昌ではなく、一九八八年のソウルになっている。記事でソウル五輪は「光復（クァンボク、日本の植民地支配からの独立——筆者）以来、うんざりするほど囚われてきた対日コンプレックス克服のスタート地点」だと描写され、招致合戦やメダル獲得競争で日本に勝ったことで「日本に自信を持って冷静になれる成熟した態度」が可能になったきっかけだと書かれている。この記事は焦点を三三年前に当てながら、単純な日韓比較からもう一歩踏み込み、実状は決して滑らかではなかったソウル五輪と韓国の八〇年代を、明るいだけの逆転のドラマの始まりとして置き換えている。そのドラマを、東京五輪の「暗い」開会式が完成させてくれたのだ。

「対岸の火事」か「平昌―東京」の共通問題か

東京五輪で韓国の代表チームは、メダル数の面で一九七六年モントリオール大会以来四五年ぶりに最も低い成績を記録した。ところで、この「最悪」の成績は、五輪以前の五輪懐疑論が、それが始まった後からは「やはり五輪をしてよかった」という多幸論に回収されていったことと並行して、逆説的にも、非常にポジティブな解釈につながった。

それは閉幕を期に、文大統領がツイッターに掲載した次のメッセージとも関連があると思われる。彼は「メダルの色は重要ではない。メダルが取れなくても最善を尽くしただけでも美しい」と言い、「特に今回の五輪は競技そのものを楽しんだ若い選手が多く、肯定的な笑いの後には新記録まで付いてきた」と書いた（『中央日報』二〇二一年八月九日）。

五輪が終わった後、今回の五輪を総括する各メディアの記事のなかで、文大統領のメッセージから表れる「最善を尽くしただけでも美しい」といった態度を見つけるのは難しいことではない。たとえば『週刊京郷』の五輪取材記者のコラムでは、これまでの韓国での五輪観戦は、メダルの個数という「生産性」にこだわったり、ナショナリズムにとらわれたりしてきたが、今回は「選手個人の技量とそれに至る努力と過程に共感を送ること」に変わったと主張されている（『週刊京郷』一四四一号、二〇二一年八月二三日）。

記者は、もう「先進国」の立場で五輪に参加するようになった「我々」にとって、昔のような「生産性」などの目標は「気まずくなった」と書いている。そして、今回の大会で活躍した若い選手たちにとっては、日本もアメリカもヨーロッパも「必死にして乗り越えるべき強国」ではなく「単なる他国」に過ぎないとも述べ、その国々と肩を並べる立場になったという自意識を表出している。

興味深いのは、『朝鮮日報』だけはこのような態度を強く批判したことである。八月一一日に掲載された「東京五輪の本当の敗北者は」というコラムで、同誌の論説委員で「日本通」で有名なソヌ・ジョンは、五輪にとってメダルの色と数は依然として最も重要だと強調しつつ、成績が悪ければエリート体育を強化すべきなのに、与党は若い世代に「へつらう」のに余念がないと書いた。このような批判は、「日本を追い越した」もしくは「日本との競争をあまり意識しない」という語り口が、韓国の「反日」をめぐる国内政治的な立場の違いとも無関係ではないことを気づかせてくれる。

ただし、東京五輪の意義を論じる言説に、このように政治的なものばかりがあるのではない。韓国でも明らかに、東京五輪は「五輪」そのものに対する懐疑論に火をつけるきっかけになった。たとえば『京郷新聞』には「五輪はどんな逆境にもかかわらず必ず続けられなければならないのか」というタイトルで、国際専門記者の長文の意見記事が掲載された（二〇二一年七月三〇日）。本記事では、パンデミックのなか五輪が強行された過程で生じた諸矛盾が指摘されているが、批判の対象は「日本」ではない。筆者は今回の「異常な」五輪は、「東京だけに下された呪いではなく、今後も続く「脅威」だ」と警告し、バッハとＩＯＣを批判の的にしている。

また月刊誌『新東亜』九月号（七四四号）にも、「東京五輪を通じて見たＩＯＣの素顔」と題した分析記事が掲載され、ＩＯＣだけは絶対敗北しないという五輪の構造が批判された。本記事では国際オリンピック・アカデミー（ＩＯＡ）のオリンピック神話作り、都市貧民への暴力、五輪の商業主義などが批判され、五輪の本質が何より各政府とＩＯＣの政治的なやりとりだという点が指摘されている。このような観点から、この記事の筆者は平昌五輪もＩＯＣと韓国政府の利害関係から生まれた平和の「芝居」に過ぎないものとして語っている。韓国において、東京五輪は「対岸の火事」ではなく、平昌までをも含む「我々」の問題を喚起するものとしても受け止められていたのである。

3　中国からのまなざし——「鶏肋」と北京五輪の予習の場

コロナ以前からの各紙の懐疑論

新型コロナが世界的に蔓延する以前、東京五輪の経済効果、東北復興との関連に対する懐疑論がすでに中国の各新聞において広がっていた。二〇一三年九月七日に東京に開催権が決定された一週間後、『中国経済導報』はいち早く五輪が果たして日本に経済的効果をもたらすかと疑問を投げかける（二〇一三年九月一四日）。日本の経済飛躍を象徴する一九六四年の大会と比較し、『文匯報《ぶんわいほう》』は「東京五輪はおそらくかつての輝きを再現できない」と題した評論のなか、「日本が半世紀前とは大きく異なる発展段階にあり、民衆からの支持と期待が激しい落差を示し」「福島原発問題もいまだに解決されていないなか……五輪準備の開始に伴い、復興作業はさらに遅れる」と指摘している（二〇一四年四月一八日）。また、『上海証券報』は悲観的に「東京五輪閉会時は日本の財政が破綻する時期でもある」と予言している（二〇一五年一〇月一四日）。開催権獲得においての不正疑惑、エンブレム盗用、競技場設計変更など一連の不祥事を「麻煩（トラブル）」として捉え、批判が日本海の向こうで報道されてきた（『文匯報』二〇一九年三月二〇日）。

パンデミック中の視線――「チャンスから「鶏肋」」

新型コロナが世界的に猛威を振るい、東京五輪の開催が危ぶまれ、中国の新聞報道と評論は、時間軸に沿って以下のように展開されてきた。二〇二〇年三月五日の『証券時報』は一九六四年大会が日本社会にもたらした変革に言及し、今度の五輪も日本にとって、「その優れたイノベーション技術と永続的な国力を世界へ顕示する一つの窓」で、中止による莫大な経済的な損失も考えると、日本は予定通り開催すると楽観的に予測した。三月二四日に一年の延期決定が発表されると、同紙はコロナとの闘いが第一、五輪はそれに譲るべきであると述べた。

二〇二一年に入り、東京五輪についての記事の多くは経済的な問題に注目し、日本国内の反五輪の動きもしばしば取り上げられた。二月二三日の『環球日報』の「日本にとって東京五輪の特別な意味」と題した評論は、五輪を菅政権に結びつけ、五輪は内外的にその政権の象徴であり、「経済を回復するため数少ない頼りの一つ」と看破していた。七月二二日の『解放日報』は、オリンピック強行開催は菅首相の大きなギャンブルで、人命をかけて自身の支持率を向上させようとしているという見解を出す。

『環球日報』は上海外国語大学日本研究センター主任の廉徳瑰《リエン・ダーグイ》教授の「政治打算が多く、東京五輪はチャンスから「鶏肋」（たいして役に立たないが、捨てるには惜しいもの――筆者）

に」という評論を掲載し、「すでに砕かれている五輪という夢は日本政府に「一丸となって疫病を克服する」という意思を示すために使われ、緊急事態宣言中の無観客で開催される大会がどこか悲壮なムードに包まれている」とその複雑な状況を報じた（二〇二一年七月一〇日）。「緊張状態のなか」（『環球日報』同年七月一九日）、「各方面の心配のなか」（『経済日報』同年七月一九日）、さらに数件の記事が開幕を迎える東京の緊張感を伝えていた。

好意的な報道と参加への熱意

一方、開催をポジティブに捉えている記事も散見される。現地から選手村の完備された施設についてのレポート（『法治日報』二〇二一年七月五日）や、「つまずきにもかかわらず、五輪の無事開催は間違いなく世界的にコロナに打ち勝てる自信を高め、近代オリンピック精神を具体化する」と謳い（『中国紀検監察報』同年七月一〇日）、東京五輪が各対策によって安全でコントロールできていると主張する記事（『新華体育』同年七月二〇日）も発表されていた。

中国側の五輪参加への熱意も紙面から伝わってくる。今回の中国代表団は総勢七七七名に及び、中国国外開催の大会としては最大規模となった（『新華毎日電訊』二〇二一年七月一六日）。CCTV（中国中央電視台）も八〇〇名の歴代最大規模の報道チームを派遣し、最前線で選手たちの活躍を即時に本土に伝えるのに労を惜しまない姿勢を示した（『新華毎日電訊』同年七月二一日）。いよいよ迎えた七月二三日の開会式については、『文匯報』が「暗いトンネルを通り抜けて、ついに希望の光を迎えた」というバッハ会長の言葉を記事の見出しにし、女性旗手登場によるジェンダー平等のメッセージを評価した（二〇二一年七月二三日）。翌日、「この簡素な集会はまさに世界を再スタートさせる開会式」と評し、好意的に式典を取り上げた（同年七月二四日）。

北京冬季五輪へ

一六日間の催事中、中国紙の東京五輪報道は自国選手の活躍に集中し、五輪特輯版をさいてメダル速報などによってスポーツと国家との強い結びつきを示している。「東京五輪」は中国にとって単なるスポーツ界の実力を顕示する一つの国際的なステージというだけではなかった。東京夏季五輪の次に、二〇二二年二月に北京は冬季五輪開催を控え、東京での活躍は「中国がコロナに打ち勝った」、半年後の「北京冬季大会は予定通り開催する」というメッセージを発信する意味も甚大である。

この二つの五輪についてはすでに二〇二〇年四月七日の『環球日報』で言及されていた。東京五輪延期によって、二〇二二年に開催予定の北京冬季五輪の準備が遅れることや、注目度や影響力の低下への懸念が提起されたのである。

次に、東京夏季五輪と予定されている北京冬季五輪との関連に注目し、その同時言及を多く発していた『人民日報』を手がかりに考察を進める。

『人民日報』紙面上に表れた二つの五輪

中国共産党の中央機関紙『人民日報』は一九四八年に創刊し、発行部数が一〇〇万部を超え、中国国内で最も影響力を持つ新聞紙の一つである。『人民日報』の言説を振り返ることを通し、中国当局の思惑を汲み取ることができる。そこに、東京夏季五輪へ好意的な姿勢と、同大会を北京冬季五輪の予習として位置付ける言説が浮かび上がる。

『人民日報』は、紹介してきた各紙と比べ、外交、とりわけ東アジア間の関係のなかで東京五輪の役割を強調する傾向が見受けられる。最初に同大会に触れたのは開催権が決まってから三カ月近く経った二〇一三年一二月六日の「日本が新たな経済刺激計画を決定」という記事である。ここでは、当経済策の主な使用対象は東京五輪のための交通インフラなどの公共事業と東日本の震災復興となる予定と紹介した。『文匯報』は五輪と震災復興との間の矛盾を指摘したが、『人民日報』はさほど疑問を示さなかった。

次に出るのは、二〇一五年六月二九日となり、東京五輪開催を背景に日本が「観光立国」を打ち出し、期待できる経済効果と不法滞在などのネガティブな影響、その両面性を論説した。同年七月三一日に北京の開催権が決定され、八月七日の記事では五輪の開催都市が欧米からアジアへシフトを見せることをアジアの経済成長に結びつけ、東京と北京の大会もその流れに位置づけた。

二〇一五年一一月三日には、第五回中日韓工商サミットにおいて国務院総理・李克強《リー・コーチアン》による、三カ国の「二〇一八年平昌、二〇二〇年東京、二〇二二年北京」五輪は工商界にとって経済的好機であるという主張を掲載した。この三つのアジア五輪を再び並んで取り上げたのは二〇一七年一月二四日のバッハ会長の旧暦正月祝辞の転載記事である。バッハは、三カ国がこの歴史的な機会を摑み、良好な関係をつくることへの期待を寄せた。

二〇一八年五月に北京で開催された「五輪が照らす中日韓協力」記者大会についての記事も、駐中国日本・韓国大使、中国要人の発言を引用し、経済効果のほか、五輪を通し、知識・人材交流、平和にもつながると述べた（二〇一八年五月二一日）。各紙と比較して、『人民日報』の言説は東京・北京五輪の同時言及がいちだんと多く、中日韓間の連帯も強く訴えている。

新型コロナの世界的な蔓延によって東京大会の開催が脅かされるなか、『人民日報』は一貫してＩＯＣと日本政府の決断を支持するという中国側の態度を表明していた。東京五輪延期が決まり、その次の北京とパリでの開催との間隔が短くなったことに対し、「東京と北京大会がお互いの注目度を得られ、五輪全体にも利益を及ぼす」というＩＯＣの意見

人民日报　2021年7月20日　星期二　13　体育

树立奥运标杆　共创美好未来
——写在北京冬奥会开幕倒计时两百天之际（下）

筹办成果全民共享

冬奥服务保障成效实

两个奥运同样精彩

讲好中国的奥运故事

中国体育代表团按计划陆续抵日
将全力支持办好东京奥运会

中职篮选秀大会，13队选中30人——
吸纳新鲜面孔　增强人才储备

升至青少年男单世界第一的商竣程——
珍惜每场比赛　期望更快成长

『人民日報』2021年7月20日スポーツ版13ページ　線で囲んだ右上の記事だけが東京五輪関連

が引用され（二〇二〇年六月一二日）、これは前掲の『環球日報』の記事（同年四月七日）の意見と真逆であった。また、日本国内の反五輪運動や民意調査の結果についても報じられなかった。開会式に関しては、「大幅に簡素化されたが、技術を駆使し独特なシーンが展開され、スポーツによって世界を繋げ、刺激した」と称賛した（二〇二一年七月二四日）。

中国当局にとっての東京五輪と北京五輪の重みの違いを最も象徴的に反映したのは、北京冬季五輪開幕二〇〇日カウントダウンの特輯版である。「中国代表団が東京に到着した」は右端で小さく取り上げられ、会場の一部となる河北省張家口での各施設建設など北京冬季五輪に向けて順調に準備が進めている状況についての記事は紙面の大半を占めている（二〇二一年七月二〇日）。東京五輪閉幕の際も、「北京冬季五輪委員会の観察員団が収穫大」と報じ（八月八日）、東京大会は中国選手の活躍の舞台と北京大会準備のための学びの場であったという中国当局の認識を表している。

国威と成長主義――中国と五輪

東京五輪への『人民日報』に示された視線の本質は、中国にとって「五輪」そのものの持つ意味と深く関わっている。五輪はこの国にとって、国威をかける一大イベントである。カール・ガースが考察したように、二〇世紀初頭の中国において物産会等は「エキシビショナリー・コンプレックス」として機能し、国家主義的な視覚性を通し国家と絡みあった商業主義を作り出していた（*China Made: Consumer Culture and the Creation of the Nation*, Harvard University Asia Center, 2004）。二一世紀に入って、二〇〇八年の北京五輪と二〇一〇年の上海万博もその物産会と類似し、「エキシビショナリー・コンプレックス」として機能していた。とりわけ、二〇〇八年の北京大会は「首都を舞台とした新興国による国威発揚手段」であった（町村敬志「メガイベントと都市空間――第二ラウンドの「東京オリンピック」の歴史的意味を考える」『スポーツ社会学研究』一五号）。

成長主義が信じられ続けている中国では、パンデミックを災害として、五輪を東アジア共通の夢として捉えるメディア論調が強い。しかし、懐疑論や日本国内での分断・分裂の様子も伝えられていた。隣国の東京五輪を機に、中国はこの単純すぎたナラティブ、薔薇色のように見える五輪という夢にひびが入っていることに気づき始めているだろうか。

三つのまなざし、新しいフィクションは可能か

以上、欧米、韓国、中国からの報道は映し出される論点が異なるが、二〇世紀型の成長モデルと結びついた近代オリンピックが、すでに転換期にあることを示唆している。

欧米の主要メディアでは、パンデミックという前例のない危機に遭遇し揺らぐようにな

った東京での二度目の五輪が、差別や格差など、日本社会の構造的問題や近代オリンピックそのものに対する根本的な批判を深めるきっかけとなっていた。韓国の主要紙では、コロナ禍以前から取り上げられてきた「まだ収束していない原発事故」という安全問題が重視される一方、「我々が過去に追いつこうとした先進国の日本はもう存在しない」という競争的な言説が繰り返された。一方、中国の報道ではあまり批判的な言説は目立たず、むしろ好意的な評価が主流をなしている。そのポジティブな報道は、二〇二二年に開かれる北京冬季五輪の予定通りの開催を意識したもので、五輪という「夢」そのものを損なうまいという中国当局の意思が示されている。

韓国と中国の報道はかなり異なるが、依然としてオリンピックがそれぞれの国民的な主体の想像と、その国際空間における力の序列の問題と深く関連しており、したがってそう簡単には破れない夢であり続けているという事実を物語る点では共通している。その夢は、今なお現実を左右する強力なフィクションなのだ。この点を鑑みると、東京の事例を経由する欧米メディアのオリンピック批判も、「中立的」な観察者の記述というより、一つの対抗的なフィクションの萌芽として理解できる。そうしたフィクションを今後、どのように「書いていくか」という問題が投げかけられているのだ。

註

（1）「Tokyo 2019 : The First-Ever Transnational Anti-Olympic Summit」https://nolympicsla.com/tokyo/（二〇二一年九月二四日アクセス）

終章

2021年夏、何が破綻したのか?

東京五輪開会式当日、人通りがなくひっそりとしているJR双葉駅前。
手前は聖火リレーの横断幕
［福島県双葉町、2021年7月23日、写真提供：共同通信社］

開催される五輪、葛藤する世論

二〇二一年夏、東京五輪は開催された。ひとたび競技がテレビで放送されると、国民の雰囲気はメダルラッシュの報道のなかで微妙な変化を遂げていく。二〇二一年八月五日の「おはよう日本」（NHK）で紹介された、日本リサーチセンターが行った国民意識調査によれば、五輪開催で「国民のスポーツに対する関心が高まる」という回答が二八・八％、「日本のアスリートのレベルが向上する」が二六・六％と、いずれも開幕前の週から大きくポイントを伸ばし、六月の調査開始以降最高の数値を示した。五輪閉幕前後の世論調査でも、「五輪を開催してよかった」という回答が過半数に達していた（朝日新聞、二〇二一年八月九日、読売新聞、八月一〇日）。数字だけを見るならば、劇的な変化である。

七月三〇日、バッハIOC会長は日本のテレビ高視聴率を受け、「日本人は大会の開催を非常に受け入れている」と語った。コロナ禍でも多くの日本人が東京五輪をテレビ観戦していることが注目され、この高い視聴率は大会開催に正当性を与えるものだと扱われたのである。とはいえ、実際には民放視聴率はほぼ通常時の視聴率と変わらなかったようだ。収支も民放では五輪放送全体で赤字となっている。他方、五六・四％の世帯視聴率を出した開会式をはじめ、多くの競技を放送したNHKは顕著に視聴率を伸ばした[1]。

しかし、この高視聴率は、人々が東京五輪を高く評価したというよりも、「アスリート」

や「スポーツ」の価値を認めていたことによるのではないか。五輪閉幕後に行われた世論調査でも、五輪開催が感染拡大につながったとの認識は、六割近くから七割超にも上っていた（共同通信、二〇二一年八月一六日公表、毎日新聞、八月三〇日）。五輪は開催されたが、人々はそれを手放しで喜んでいたわけではなかったといえる。先程の国民意識調査でも、「コロナに対する不安が低減される」（四・九％）、「被災地の復興が促進される」（四・五％）、「ジェンダー不平等が緩和される」（四・〇％）という三つの意識は、五輪開幕後になっても引き続き低調であった。この傾向は九月の継続調査でも変化していない。

たしかにコロナ禍は、五輪開催を根本から揺るがした。だが、本書での議論を踏まえるならば、コロナ禍がなければ五輪は何の問題もなく開催されたという認識も誤っている。コロナ禍は、五輪が抱える諸課題を露骨に浮かび上がらせたが、内実を伴わない「復興五輪」や財政負担、様々なスキャンダルが以前から噴出していた。八月八日の「サンデーモーニング」（TBS）で青木理は、「お祭り」としての五輪が終わると「瓦礫だけが残る」と指摘し、コロナ、借財借金、政治の状況、差別、人権、歴史認識等の問題と今後どう向き合うのかが問われると述べたが、これは多くの視聴者が抱く不安に対応していた。

かすんだ復興五輪、被災地の諦念

「復興五輪」が孕んできた諸問題は、閉会後にも残された。コロナ禍は、五輪招致時に掲げられた「復興五輪」が、被災地の実態と乖離した呪文であることをますますあからさまにした。この呪文は、保守系紙では肯定的に、リベラル系紙では疑念と期待が同居した論調で報じられていた。そして、コロナ感染拡大に伴い五輪のスローガンは「復興」から「コロナに打ち勝った証し」に挿《す》げ替えられ、「復興五輪」への言及は減っていった。他紙よりもはるかに積極的に「復興五輪」をテーマにしてきた河北新報の紙面でさえ、「復興五輪」は急速に「コロナ克服五輪」というテーマに覆い隠されていったのである。

「復興五輪」の後景化にさらに拍車をかけたのは、組織委員会や開閉会式演出チームでの一連の不祥事であった。二〇二一年三月に始まった聖火リレーは人々の期待を盛り上げたものの、その後の被災三県での相次ぐ開催規模縮小や関連イベントの中止により、復興を発信するチャネルは減った。それに伴い、「復興五輪」に肯定的な被災地の政治リーダーたちも、次第にこの言葉の積極的な意味づけを示すことが困難になっていった。

ただし、開催迫る二〇二一年七月には、それまで下火であった「復興五輪」への言及頻度がにわかに増加した。そのなかには、復興を伝える被災地の試みや、復興ＰＲの進展を伝える話題も含まれた。米国とオーストラリア代表のソフトボールチームの監督が福島県産の桃を絶賛し、東京のアンテナショップでは同県の桃の売上が前年比で増加した、云々。有観客で開催された宮城スタジアムでのサッカー競技は、組織委員会により「成功」と評された。これらの要素だけを見ると、二〇二一年五輪は、「復興」のPRに貢献したようにも見える。

しかし、被災地のPR活動は、開催規模縮小とメディアの取材制限に打撃を受けた。JR仙台駅や仙台空港で震災と復興を伝えるパネル展や語り部活動が行われたが、あるボランティアは「外国客はおろか、海外メディアもほとんど来ない」と語っていた（河北新報、二〇二一年八月一日）。海外での報道の焦点は、復興ではなく競技とコロナ禍に集中していたのである。これに関して河北新報は、「復興五輪」が「現実無視のスローガンにすぎない」と改めて報じていた（同紙、同年八月五日）。韓国選手団が福島県産食材を避けようと独自の給食センターを設けたことも、原発に対する風評被害の根強さを印象づけた。

もちろん、メディアは「復興五輪」のPRだけに終始していたわけではない。「復興五輪」が招致に利用されたこと、実際は被災地の現実を国内外に伝える機会が限られていたこと、被災地住民がこの言葉に複雑な思いを抱いてきたことをも報じてはいた。そして五輪閉会後、新聞各紙は一斉に「復興五輪」の理念と現実の乖離を報じていく。産経新聞の八月一三日の記事は、「復興五輪が置き去りにされ、コロナ五輪に置き換わった—。これが被災地の人々の偽らざる思いだ」と述べた。朝日新聞は、帰還困難区域で荒れ果てていく自宅と華やかな五輪の落差を感じる女性の「五輪が被災地に何をもたらしたのか」という嘆息を伝えた（二〇二一年八月一二日）。毎日新聞の記事は、二〇二一年の東京五輪を、「被災地は踏み台にされた」「目くらましの復興五輪」と辛辣に評した（同年八月一九日）。結局、東京や被災地外の地方でも、被災地内でも、「復興五輪」への期待は萎み、諦念が広がるなかで「コロナ五輪」が始まったのである。それまで五輪への態度では立場を異にしてきた新聞各紙が、閉会後になると一斉に「復興五輪」からの乖離を指摘したのは、おそらく記者たちの本音の表白であったともいえる。

矛盾する立場に置かれていたメディア

東北の「復興」を掲げる五輪が東京で開催された矛盾のみならず、コロナ禍の下では、「お祭り」としての五輪と人々の接触や交流を制限するコロナ対策の間に深刻な矛盾があった。だが、大手メディアは、政府や組織委員会、ＩＯＣを批判しつつも、明確に開催賛成・反対の立場をとれないでいた。大手メディアはスポンサー契約などによって、五輪というメガイベントを生み出す側にもいたのである。彼らは五輪に批判的な報道を行わなかったわけではないが、同時に彼らには五輪を推進する主体という顔もあり、この二面性が、ネット系のメディアが彼らに不信感を表明する理由ともなっていた。

そうしたなかで、むしろ『週刊文春』のような五輪スポンサーとは無関係な週刊誌が関心を集めたのは、必然的だったかもしれない。ＭＩＫＩＫＯ氏の排除や朝日新聞中止社説の舞台裏など、一般の新聞紙面には出てこない五輪の舞台裏を暴くことは、五輪開催強行によって生じる矛盾が、どのように生じるのかを明らかにすることにもなった。

そして、大手メディアの両義的な報道姿勢は、ＳＮＳ上における議論の先鋭化も促していく。とりわけ開催反対派の人々は、開催反対が世論調査の過半数に達することもあるなかで、大手メディアが中止の論陣を表立って張らないことに不満をつのらせていった。こうした不満の多くは、開催主体たるＩＯＣや政府、東京都、組織委員会等に向けられていた。だが、一部はアスリートに対する出場辞退を求める動きや、開会式演出家たちの資格に疑義を突きつける動きを生み出すこととともなった。他方、このように五輪をめぐる立場が先鋭化していくなかで、五輪をめぐって議論すること自体が避けられてもいった。

総じて、各新聞紙は五輪が終わるや、五輪検証の連載記事を次々に発表する。そこにはボランティアの活躍を称賛するものから、コロナ・暑さ対策の不備や不健全な組織体制、政府の説明不足を示すものまでいくつかのバリエーションがある。だが、そのなかで自社の五輪報道の検証が十分に行われたわけではない。外部の専門家に五輪報道の問題を語らせていても（朝日新聞、二〇二一年八月一七日、毎日新聞、八月二三日）、スポンサー契約と五輪報道の関係を自らの手で再検証しようとする姿勢は乏しかった。

黄昏ゆくオリンピックの季節

もっとも、五輪が分断や亀裂を生んでいるのは、日本国内に限られない。各国で国民の一致団結の舞台として演出され続けた五輪は、しかし大きな流れとして見れば分断と亀裂が深まる時代に突入しつつある。異例な状況下で、二度の隣国の冬季五輪に挟まれて開催された東京五輪の国際的な位置は、二つの軸で整理することができる。

一つ目は、ロンドンから東京、そしてパリ、ロサンゼルスへと先進民主主義諸国の大都市をつなぐ軸である。東京はやはりグローバルシティであるロンドンでの五輪「成功」の再現を目指したのだが、躓きが重なり、さらにコロナ禍のもとでの無観客開催で開催都市にとってのメリットがほぼなくなり、感染拡大のリスクと史上最高額の開催費用という甚大なコストが残る結果となった。つまり、ロンドンの再現とはならなかったのである。

この不幸な経験は、欧米でオリンピックをめぐる懐疑論を多く生み出し、以前から徐々に生じていたオリンピック自体の問い直しの風潮のなかに、東京五輪も位置づけられることとなった。近年、オリンピックへの懐疑論が強まる欧米諸国では、ボストン、ブダペスト、ハンブルグ、クラクフ、オスロなどのように、住民投票や反対運動により立候補都市が五輪招致を断念するケースが相次いでいる。人権の尊重、人類の連帯などの理念を掲げながら、商業主義の専横が目立つオリンピックは、本当にこれからも必要なのか？　その根本の必要性を市民に問うと、「ノー」の答えが返ってくるのである。

とりわけ、二〇二二年の冬季五輪では、招致レースで民主主義諸国の立候補都市がすべて撤退を決め、結局、カザフスタンのアルマトイと中国の北京の二択を余儀なくされたのは象徴的な出来事であった。これを受けてＩＯＣは、二〇一七年に異例の措置を取り、二〇二四年と二〇二八年の開催都市をパリとロサンゼルスに同時に決めた。そして、東京五輪の開幕の二日前に、二〇三二年の開催都市をオーストラリアのブリスベンに決めたことで、一一年先まで欧米を中心とした五輪開催の目処がなんとか立ったことになる。しかし、一九八四年のロサンゼルス五輪以来、オリンピックの商業化と巨大化の最大のモーメントとなってきたテレビの放映権料も、ネット社会のなかでスポーツ視聴のスタイルが変化していくと、その経済の基盤が根底から崩れていかないとも限らない。

加えて、これらの開催都市の決定は、どれも各国の民主的プロセスを通じて合意されていったものでは必ずしもなく、そのため国境を超えた反オリンピック運動を惹起《じゃっき》させている。パリ、ロサンゼルスはいずれも低コストでサステナブルな大会を市民に約束しているが、東京のように想定外のパンデミックや災害、思わぬ混乱が起きたり、費用が嵩んだりすると、五輪の抜本的な改革を求める声がさらに高まるだろう。

もう一つの軸は平昌と東京、北京を結ぶもので、これは韓国と日本、中国という東アジアの国民国家の過去と現在を貫いている。二〇二一年の東京五輪は、もともとは東京のグローバルシティとしての都市競争力を証明する新しい場として、ロンドンの成功に倣う意図を持っていた。この都市間競争力は、「日本」の経済を低成長から抜け出させるためのものであり、石原慎太郎が表明していたように、東アジアのパワーゲームの重心が中国に移っている状況をなんとか反転させようと願う政治的思惑を含んでいた。

平昌と北京の間に東京五輪を位置づけてみると、国家間競争の経済的、政治的な「力」が交差する舞台としての五輪という姿がはっきりと浮かび上がる。韓国と中国の言説空間での東京五輪へのまなざしは、その前後に置かれた二つの冬季五輪との関係で構成されていた。たとえば韓国の報道では、しばしば平昌との比較や東アジアにおける平昌大会の意義に照らし合わせて東京五輪が語られていた。他方、中国では「コロナに打ち勝てたことを世界に発信する、北京大会の予習としての東京大会」という物語が成立している。

東アジア各国において、自らが「先進国グループ」に昇格したことを知らせる国策イベントとしてのオリンピックが、一九六〇年代以来、三度にわたり開催された後も、オリンピックは依然として政治的な道具として活用され続けている。二〇一八年の平昌冬季五輪と二〇二二年開催の北京冬季五輪は、それぞれ朝鮮半島和合の「平和五輪」の演出と、「中米二大超大国」時代の開幕宣言という国際政治的な戦略と結びついていた。

このような政治的願望は、ＩＯＣによって支えられている。各国政府に「願いを言ってみろ」と語りかけ、ときにその願いを聞き入れ、ときには聞き入れないことでオリンピックという魔法は維持され、ＩＯＣは利権を維持し、収益を上げてきた。だが、コロナ禍のなかで行われた東京大会により、この魔法の危うさとずさんさは世界中に知れ渡ったのである。果たして、五輪という夢は今後も生き延びることができるのだろうか。

ＴＯＫＹＯ２０２０挫折の根源

本書の検証を通じて浮かび上がってきたのは、二〇二一年の東京五輪の挫折は、突然のコロナ禍だけによってもたらされたのではなく、それ以前からあったいくつもの矛盾やごまかし、ビジョンの欠如が複合した結果であったことである。何よりも、この二度目の東京五輪が欠落させていたのは、合意された明確な目標である。二一世紀の東京をどのような都市にしていくのか、そのためになぜ五輪開催が必要なのかという、根本中の根本ともいうべき目標についての議論と合意が、ＩＯＣへの立候補の段階でまるでなかった。

もちろん、一九六四年の東京五輪でも、事前にそうした議論が十分になされたわけではないが、これから日本全体が高度成長に向かおうとしている当時は、東京五輪開催の目標は多くの人にとって自明であったともいえる。「より速く、より高く、より強く」成長する未来のイメージが、何の疑問もなく人々に受け入れられていたのである。

だが、二一世紀の東京は違う。ポスト成長期の日本では、人々の価値観ははるかに多様化している。かつては当たり前だった「より速く、より高く、より強く」という成長主義的な価値観は、もはや時代とそぐわなくなっている。六〇年代の日本人を奮い立たせてきた成長主義は、すでに過去のものなのだ。

この価値の大転換が生じたのは、一九九〇年代以降のことだった。成長の臨界面で生じた八〇年代末のバブル経済で、日本人は大いに踊った。あり余る豊かさのなかで、人々は浮かれ騒ぎ、傲慢になり、やがて自滅していった。このバブル崩壊と政治の大激動、やがて生じた阪神・淡路大震災やオウム真理教事件のなかで、戦後日本社会の何かが決定的に崩れた。九〇年代半ばを過ぎたあたりから、私たちはそれまでとはまったく異なる歴史の地平を生き始めたのである。もはや、社会は二度と長期的な成長を経験することはない。人口は減少を続け、ＧＤＰももう頭打ちである。社会総体が、停滞さらには崩壊の兆しを見せていく。そのような収縮局面に入った日本社会で、人々が向かわなければならない目標とは何か？　東京はどのような都市になっていくべきなのか？

実は、この九〇年代以降の五輪と万博には、ある重要な変化が生じていた。五輪も万博も、一九九〇年代半ば以降の日本では、一度も期待されたほどには成功していないのである。九八年の長野五輪では自然破壊が問題となり、閉幕後は大きな負債が地元自治体を苦しめた。二〇〇五年の愛知万博では、環境万博の理念と実態のずれが問題化し、すったもんだの展開となった。また、ＢＩＥに登録される万博ではないが、九四年に開催されるはずだった世界都市博は中止になった。そして二〇二一年、政界やメディアが一九六四年の再来を期待した二度目の東京五輪の顚末を、私たちは目の当たりにしてきた。

一九九〇年代半ば以降、五輪も万博もマイナス面のほうが目立ってきているのは偶然ではない。ポスト成長期の日本の歴史的状況と五輪や万博というモデルが乖離してしまったのである。一九六四年五輪のモデルが、八八年にはソウル五輪、二〇〇八年には北京五輪に反復されたことが示すように、六四年の東京五輪は、「より速く、より高く、より強く」成長することを目指す高度成長の時代に寄り添っていた。だからこそ、それは人々に鮮烈な「成功体験」として記憶されたのである。この「成功体験」は、八八年のソウルや二〇〇八年の北京でも反復されうるものだった。いずれの事例でも、五輪を開いたから経済が成長したのではなく、経済成長期に開いたから五輪が「成功」したのである。

これに対し、一九九〇年代以降、私たちが生きているのは、経済や社会の成長期ではなく収縮期である。収縮期の社会は、もう成長期の社会とは異なり、長期的な成長を経験することがない。市場はすでに飽和し、人口も漸減を続け、まだ発展途上段階にある国々に追い上げられていく。そこでもし、無理に「成長」を演出しようとするならば、その「成長」は必然的に「バブル」となる。つまり金融政策的に演出される「成長」にしかならないから、それによって人々の生活がさらに豊かになっていくことはない。

二一世紀の日本はもう成長期の社会ではないし、「成長」のために他を犠牲にすべき社会でもない。それにもかかわらず、この社会にはまだ成長主義の亡霊が徘徊している。およそ一七〇年以上前、カール・マルクスらが『共産党宣言』を発したとき、共産主義こそが未来に向けての「亡霊」であった。この「亡霊」にはやがて血肉が与えられ、いくつかの国で革命を起こし、しばしば冷酷な全体主義国家を築き上げてしまった歴史を私たちは知っている。成長主義の亡霊は、むしろ過去からの亡霊である。そして五輪と万博は、この亡霊とは大変に相性がよかった。一九六〇年代に開催された最初の東京五輪を、私たちがいまだに「忘れがたい成功体験」として語りがちなのは、私たちが昔ながらの成長主義の「亡霊」に囚われ続けていることを示している。社会が成長期とは異なる地平を生きている時代に、そうした「亡霊」をさらなる「お祭り」の開催により呼び寄せようとすることは、私たちを歴史の現在からますます乖離させる結果しか生まない。

改めて言おう。一九九〇年代以降、二一世紀の日本が生きているのは、緩やかな収縮の時代である。そんな時代に、「お祭りドクトリン」の継続は幸せをもたらさない。むしろ、もう成長しない経済のなかで、人々が生活を豊かにしていく方法が求められているのだ。そこでは何よりも、「より愉しく、よりしなやかに、より末永く」リサイクルすることが重要になる。そのために必要なのは、もはや五輪や万博ではない。二〇二一年の東京五輪は、この転換を理解せず、収縮期の社会でなお「輝かしい」五輪を追い求めると何が起きるかを証明した。本書ではその全過程を検証し直したわけだが、これはここ四半世紀、日本が考えるべきことをどこでどう疎かにしてきたのかを検証する試みでもあった。

註

（1）鈴木祐司「東京五輪「視聴率総決算」調べてわかったＮＨＫと民放の明暗」https://news.yahoo.co.jp/articles/4803b4f36c4d2491671d5a1d915e0cf7dffc283a（二〇二一年九月一八日アクセス）

あとがき

二〇二一年夏、一六年前に石原慎太郎の立候補宣言で始まり、東日本大震災の直後に「復興五輪」を掲げ、やがて開催権を獲得したことに狂喜し、新国立競技場や大会エンブレム、数々のスキャンダルに直面して迷走を重ね、ついには新型コロナ感染症のパンデミックに襲われて開催延期、一年後も収まらないコロナ禍のなかで無観客開催となった東京五輪が終わった。これは、このプロセスの初期で政府関係者、東京都幹部、メディアや日本人の多くが願望していたのとはまったく違う結末だった。「失敗」とは、何らかの目標を掲げて始まった取り組みが、目指したことをまるで実現できなくなることを指す。そうした意味で、この二度目の東京五輪は「失敗」であったと結論づけるべきである。

人は、成功体験の繰り返しよりも失敗の経験からこそ多くを学ぶ。コロナが突然、外から襲ってきたのだから五輪の「失敗」は仕方なかったと言って自分たちを納得させることや、もっとひどいのは、まるで何も深刻なことは起きなかったかのように過去を忘れ去ることは、「失敗」の真相から目を逸らし、かつての「成功」神話にしがみつき続け、二度とない学びの機会を逃すことにしかならない。

コロナ来襲は、たしかに大きな「ショック」であった。しかし、拙著『平成時代』（岩波新書、二〇一九年）で論じたように、一九九〇年代以降の日本は、もう三〇年以上の長きにわたり、様々なショックを受けて失敗を繰り返し続けてきたのだ。二〇二一年夏に起きた東京五輪の失敗は、そのような平成令和の日本の失敗連鎖の一部をなしている。

だから必要なのは、この二度目の東京五輪の「失敗」を、その端緒から結末までの全プロセスを視野に入れて検証し直すことである。そうすれば、五輪の「失敗」は、単にコロナに襲われたから起きたというだけではないこと、コロナのずっと前から、この二度目の五輪には、なぜ東京で改めて五輪を開催するのか、五輪開催を通じて東京をいかなる都市にしていくのか、その五輪をなぜ「復興五輪」と名づけるのかについての熟議がまるでなかったことに気づく。一連の経緯をたどるなら、この五輪がどのようなレトリックを作動させ、いかなる認識不足に足元を掬われてきたかもわかってくる。大きな筋でいうならば、すでに経済も人口も成長期が終わった社会において、なお過去の「成長」神話の再現を求め続けることが、いかなる結果を生むかをこの五輪の結末は示したのである。

本書はそのような二度目の東京五輪の端緒から結末までの全プロセスを俯瞰し、この五輪がコロナによってだけでなく、ビジョンの根本的な欠如や歴史との構造的なずれによって失敗していったことを検証したものである。編者の吉見は、本書に先立つ『五輪と戦後

――上演としての東京オリンピック』（河出書房新社、二〇二〇年）で、二〇二一年の東京五輪の伏線となった一九六四年の東京五輪を、「ポスト戦争＝冷戦」期のネーションの〈上演〉として捉え返す作業を行った。「東京五輪」の神話がどこからどのように生まれてきたのか、その根底で実際に演じられたのはいかなる五輪であったのかを実証的に明らかにする試みだった。同書を書き終えたのが二〇二〇年の初めで、コロナ禍による五輪延期決定は、同書上梓後の出来事だった。したがって、それから一年間の顚末を中心に二度目の五輪についての俯瞰的な検証を行った本書は、同書の続編的な位置づけも持つ。

本書はもともと、編者が代表者となり進めてきた科学研究費補助金による共同研究「プレ－ポストオリンピック期東京における世界創造都市の積層と接続に関する比較社会学」の一環として企画されたものである。この共同研究では、「創造都市」概念の批判的脱構築を目指し、東京都心の「上野・湯島・秋葉原」（「上野の森」地域）と「六本木・青山・原宿」（「神宮の森」地域）の比較分析を進めてきた。この二つの地域には、第一にミュージアムの集中地であること、第二にその中心部に広大な緑地帯があること、第三に寺社などの宗教施設も多いこと、第四に大学の集中地でもあることなど共通点が多い。他方、前者は江戸時代からの文化中心であり、後者は高度成長期以降の文化中心である。この研究では、二つの東京五輪の前後を通じ、二つの地域がどう変容したかを検討していた。

ところが二〇二〇年春以降、コロナ禍で東京五輪自体の開催が危ぶまれていくなかで、この共同研究を支える若手研究者のチームは、コロナ下の五輪をめぐって国内外で浮上するメディア言説を広く収集する作業を始めた。この収集は、二〇年二月から五輪開幕までに及び、それを基盤にコロナと五輪の関係を再検証する共同作業が始まった。本書はこの若手の作業に、編者がこれまで五輪について重ねてきた研究を接続させたものである。各章の執筆者は章扉に示したが、終章は各章執筆グループの代表と編者が共同で書き上げた。

本の完成に当たり、若手九人の執筆者への助言から数多の細かな編集作業まで、高い知的センスでこなしてくれた河出書房新社編集部の藤﨑寛之さんに心から感謝したい。藤﨑さんとは、昨年、拙著『五輪と戦後』を作り上げ、これが本書につながることとなった。

五輪も万博も、単なる「お祭り」なのではなく、むしろ継続的な「お祭りドクトリン」として、戦後日本の政治と経済、中央と地方、成長神話への私たちの固執を貫いてきた。だがこの枢軸を、コロナは圧倒的な力で粉砕した。だから今、その瓦礫の只中に立つ私たちは、もう実はコロナよりずっと前に砕け散っていたはずのこの戦後的呪縛に対し、今度こそ遅すぎた訣別の意志を、未来へのビジョンの熟議とともに告げるべきなのだ。

二〇二一年一〇月三一日著者を代表して　吉見俊哉

執筆者一覧

吉見俊哉（よしみ・しゅんや）［序章、第1章、第2章］
１９５７年、東京都生まれ。東京大学大学院情報学環教授。専攻は社会学・文化研究・メディア研究。『五輪と戦後』『都市のドラマトゥルギー』『博覧会の政治学』『万博と戦後日本』『平成時代』『東京復興ならず』など。

有賀ゆうアニース（あるが・ゆうあにーす）［第3章］
１９９５年、長野県生まれ。東京大学大学院学際情報学府博士課程在籍中。専攻は政治社会学・文化社会学。

安リンビョル（あん・うんびょる）［第5章］
１９８６年、韓国・仁川生まれ。東京大学大学院学際情報学府博士課程在籍中。専攻は観光研究、メディア研究。「モビリティとしての時刻表」（『観光学評論』9巻2号、２０２１年）など。

稲葉あや香（いなば・あやか）［第3章］
１９９２年、東京都生まれ。東京大学大学院学際情報学府博士課程在籍中。専攻はデジタルメディアの社会学。

加藤聡（かとう・さとる）［第3章］
１９８８年、埼玉県生まれ。東京大学大学院情報学環特任研究員。専攻は書物史。「トマス・ダイチ『新一般英語辞典』のフランスにおける受容」（『日本18世紀学会年報』第35号、２０２０年）など。

中川雄大（なかがわ・ゆうだい）［第4章］
１９９４年、山口県生まれ。東京大学大学院学際情報学府博士課程在籍中。日本学術振興会特別研究員。専攻は都市研究。「都市計画導入期における「都市」概念の普及過程」（『社会学評論』72巻2号、２０２１年）など。

林凌（はやし・りょう）［第4章］
１９９１年、徳島県生まれ。日本学術振興会特別研究員。専攻は歴史社会学。「「商業近代化運動」の論理／倫理」（『社会学評論』69巻1号、２０１８年）など。

潘夢斐（パン・メンフェイ）［第5章］
１９８８年、中国・上海生まれ。東京大学大学院学際情報学府博士課程修了、博士（学際情報学）。青山学院大学大学院国際マネジメント研究科助手。専攻は文化社会学。

サム・ホールデン（Sam Holden）［第5章］
１９９０年、アメリカ・コロラド州デンバー生まれ。東京大学大学院学際情報学府修士課程修了。ライター、翻訳家、一般社団法人「せんとうとまち」理事。

宮地俊介（みやち・しゅんすけ）［第4章］
１９９５年、愛知県生まれ。東京大学大学院学際情報学府博士課程在籍中。専攻は都市社会学。「シカゴ学派はいかに理解可能か」（共著、『書評ソシオロゴス』第17号、２０２１年）。

河出新書 041

検証《けんしょう》 コロナと五輪《ごりん》
変《か》われぬ日本《にほん》の失敗連鎖《しっぱいれんさ》

二〇二一年一二月二〇日 初版印刷
二〇二一年一二月三〇日 初版発行

編著者 吉《よし》見《み》俊《しゅん》哉《や》
発行者 小野寺優
発行所 株式会社河出書房新社
〒一五一-〇〇五一 東京都渋谷区千駄ヶ谷二-三二-二
電話 〇三-三四〇四-一二〇一［営業］／〇三-三四〇四-八六一一［編集］
https://www.kawade.co.jp/
マーク tupera tupera
装幀 木庭貴信（オクターヴ）
印刷・製本 中央精版印刷株式会社

Printed in Japan ISBN978-4-309-63143-1

五輪と戦後

上演としての東京オリンピック

吉見俊哉
Yoshimi Shunya

帝国の軍都からオリンピックシティへ——
東京五輪の舞台はいかに整えられたのか。
聖火リレーという演出、国民的英雄を生んだ
競技という上演、そしてアジアでの再演……
この国にとって五輪とはいったい何なのか?
戦後日本の呪縛を解く、
オリンピック論の決定版!

ISBN978-4-309-25405-0